西南大學創新團隊項目『古文字與出土文獻研究』（SWU2009108）

出土文獻綜合研究集刊

西南大學出土文獻綜合研究中心
西南大學漢語言文獻研究所
主辦

劉釗題

第十輯

巴蜀書社

出土文獻綜合研究集刊

古文字和出土文獻研究的第一要義是求真、務實，亟望你們的刊物能辨出自己的特色，儘可能刊登有價值的文章。

裘錫圭

二〇二〇年一月十八日

目　録

Contents

楚墓卜筮簡説辭中的"樂""百""贛"

李家浩

摘　要：楚墓卜筮簡説辭所説禱祠鬼神的方法中，有"樂""百""贛"三種。本文在學術界已有研究成果的基礎上，結合有關文獻，對"樂""百""贛"簡文及其相關問題進行全面梳理和探討，提出一些新的意見。

關鍵詞：卜筮簡；樂；百；贛

楚墓卜筮簡記録貞人爲墓主人占卜時，如果占卜的結果有殃咎的話，貞人往往會在説辭部分提出禱祠鬼神的方法，以禳除殃咎。天星觀楚墓卜筮簡和葛陵村楚墓卜筮簡所説禱祠鬼神的方法中，有"樂""百""贛"三種，已有多位學者對此作過研究，提出了一些好的見解。筆者擬在他們研究成果的基礎上，談一點不成熟的意見，供大家參考。

一

葛陵村卜筮簡和天星觀卜筮簡説辭中的"樂""百""贛"，有時三種都記，有時衹記其中的兩種或一種。爲了便於大家了解原文，此處將有關簡文釋寫於下：

(1)〔舉禱文夫人，特牛，樂〕之，百之，贛。舉禱於子西君，特牛，樂〔之，百之，贛〕。葛甲一.27

(2)☐〔饋祭文夫人，䚘牢〕，樂之。饋祭子西君，䚘〔牢，樂之〕。　　葛甲二.38—39

(3)☐中特牛，樂之。就禱☐　　葛甲三.14

(4)☐特牛，樂之。　　葛甲三.56

(5)☐樂之。是日☐　　葛甲三.98

(6)☐壁,以罷禱,大牢饋,棧鐘樂之,百之,贛。 葛甲三.136

(7)☐饋,棧鐘樂之☐ 葛甲三.145

(8)☐各大牢饋,棧鐘樂之。墨禱子西君、文夫人,各特牛饋,棧鐘樂之。 葛零.13＋甲三.200

(9)☐競平王,大牢饋,棧鐘樂之。 葛甲三.209

(10)𩜁祭昭王,大牢,棧鐘樂之。 葛甲三.212、199-3

(11)☐樂之。占之,吉。 葛甲三.241

(12)☐平夜文君子良,樂,贛。 葛甲三.242

(13)☐大牢饋,棧鐘樂之。 葛甲三.261

(14)☐樂之,百之,贛之。 葛甲三.298

(15)〔𦉜〕禱於文夫人,𦉜牢,樂且贛之;𦉜禱於子西君,𦉜牢,樂〔且贛之〕。 葛乙一.11

(16)或𦉜禱於盛武君、令尹之子璿,各大牢,百☐ 葛乙一.13

(17)𦉜禱於昭王、獻惠王,各大牢饋,棧〔鐘樂之〕☐ 葛乙一.29、30

(18)☐𦉜禱於昭王,大牢,樂之,百,贛。 葛乙二.1

(19)☐棧鐘樂之。 葛乙三.63

(20)☐大牢,百☐ 葛乙四.25

(21)☐〔子西〕君、文夫人,祝其大牢,百之,贛,樂之。 葛乙四.128＋甲三.46

(22)☐棧鐘〔樂之〕☐ 葛零.8

(23)☐〔昭〕王,大牢,百之,贛。壬辰之日,禱之☐ 葛零.40

(24)☐〔樂〕之,百之,贛。以祈☐ 葛零.287

(25)☐樂且贛之。𦉜☐ 葛零.331-1

(26)☐贛。 凡是戊辰以會己巳禱之。 葛甲一.10

(27)☐禱卓公順至惠公,大牢,樂之,百之,贛。 天.1172

(28)☐賽禱卓公順至惠公,大牢,樂之☐ 天.675

(29)☐大牢,樂之,百,贛。 天.517

(30)☐𦉜禱巫,豬、霝酒,棧鐘樂之☐ 天.1002

(31)☐𦉜禱社,特牛,樂之☐ 天.26

(32)☐𦉜禱祇(丘),特牛,樂之☐ 天.451

(33)☐賽禱夜□,特豢,樂之☐ 同上

(34)☐賽禱白朝,特牏,樂之☐ 同上

(35)☐禱白朝,特牛犅,樂之☐ 同上

(36)☐□特牛,樂〔之〕☐ 同上

(37)☐大牢,樂之☐　　天.451-452

(38)☐百,贛☐　　天.294

(39)☐百之☐　　天.294

對於這些簡文,有幾點情況需要説明:

1.葛陵村竹簡殘損嚴重,釋文引自河南省文物考古研究所《新蔡葛陵楚墓》①;天星觀簡尚未全部發表,釋文引自滕壬生《楚系簡帛文字編》②一書。所以,這兩種簡文衹能讀到一些殘句。

2.葛陵村簡的文字釋寫和殘簡的綴聯,參考了河南省文物考古研究所《新蔡葛陵楚墓》、宋華强《新蔡葛陵楚簡初探》和陳偉、彭浩主編《楚地出土戰國簡册合集(二)》的成果③,書此志謝。

3.簡文出處,葛陵村竹簡簡稱“葛”,其後是簡號;天星觀竹簡簡稱“天”,其後是《楚系簡帛文字編》一書的頁碼。

4.根據(15)子西君和文夫人二人分祭,文夫人在前,以及他們祭祀規格相同的特點,補出殘簡(1)、(2)的前後缺文。

5.(1)、(6)、(14)、(21)、(23)、(24)、(27)、(39)“百”字後帶“之”字;(18)、(29)、(38)“百”字後不帶“之”字;(16)、(20)“百”字後殘缺,是否帶“之”字,是否還有“贛”字,不詳。從文例看,“百”字後應該帶“之”,不帶“之”是省文,與位於“百”字後的“贛之”或省作“贛”同類(參看下文第三部分)。其他與此情況相同的殘簡,不再一一加以説明。

6.(26)“☐贛”屬於本文開頭所説的説辭,是貞人提出的對鬼神禱祠的方法。“凡是戊辰以會己巳禱之”與“☐贛”之間空有四個字左右的距離,是事後寫上去的,説明此簡以上簡册所記貞人在説辭中所説的禱祠,已於戊辰至己巳這兩天實施。《廣雅·釋詁一》:“會,至也。”

7.(32)“祍”從“示”“丘”聲,當是丘神的專字,猶楚簡行神之“行”的專字作從“示”“行”聲④。

除去一些不能確定前後文字的殘簡外,根據“樂”“百”“贛”的不同組合形式,可以歸納爲如下五類(爲行文方便,“百”“贛”後一律加上“之”字):

A.〔棧鐘〕樂之,百之,贛之　　(1)、(6)、(14)、(18)、(24)、(27)、(29)

B.百之,贛之,樂之　　(21)

---

①河南省文物考古研究所:《新蔡葛陵楚墓》,大象出版社,2003年,第186-231頁,圖版六九-一九六。

②滕壬生:《楚系簡帛文字編》,湖北教育出版社,1995年。

③宋華强:《新蔡葛陵楚簡初探》,武漢大學出版社,2010年。陳偉、彭浩主編:《楚地出土戰國簡册合集(二)》,文物出版社,2013年。

④滕壬生:《楚系簡帛文字編》,第168、169頁。

C.百之,贛之	(23)
D.樂之,贛之	(12)、(15)、(25)
E.樂之	(2)—(5)、(8)—(10)、(13)

"樂之"當是"棧鐘樂之"之省,所以把它們歸并爲一類。

A至E五類文字都位於被禱祠的神靈之後,"樂""百""贛"後的代詞"之",即指代前面的神靈。A至E五類與它之前的神靈及其祭品的關係如下所示:

樂等類型	神靈	祭品	簡文序號
A	昭王	大牢	(18)
A	盛武君、令尹之子璿	大牢	(16)
A	文夫人、子西君	特牛	(1)
A	卓公—惠公	大牢	(27)
B	子西君、文夫人	大牢	(21)
C	〔昭〕王	大牢	(23)
D	平夜文君子良		(12)
D	文夫人、子西君	䎕牢	(15)
E	競平王	大牢	(9)
E	昭王	大牢	(10)
E	文夫人、子西君	䎕牢	(2)
E	子西君、文夫人	特牛	(8)

此外,還有(30)的"巫"、(31)的"社"、(32)的"丘"、(33)的"夜□"和(34)、(35)的"白朝",因"樂"後的文字不詳,故未列入。

從以上的歸納不難看出,"樂""百""贛"是禱祠神靈的動詞,其後的"之"指代被禱祠的神靈;被禱祠的神靈主要是人鬼,也就是墓主人的祖先。葛陵村楚墓墓主人和天星觀楚墓墓主人都是封君,被祭者的身份不是封君、君夫人,就是楚王(詳見下文第四部分),所以祭典十分隆重,如所進獻的犧牲不是"大牢""䎕牢",就是"特牛"等。

"䎕牢"不見於古書。根據簡文,"䎕牢"祇見於(2)、(15)禱祠子西君、文夫人。劉信芳先生把"䎕牢"讀爲"荆牢",據(1)禱祠文夫人、子西君用"特牛",説:"'荆牢'與'少牢'類。"① 按:劉氏説"䎕牢"與"少牢"類,可從。葛陵村乙四.94號簡"䎕牢"與"大牢"對言,就是很好的證明。但是對劉氏把"䎕牢"讀爲"荆牢",似乎要做點修正。"䎕",從"田""刑"聲。上古音"刑"屬匣母耕部,"輕"屬溪母耕部,二字韻部相同,聲母都是喉音,音近可通。例如曾侯乙

①劉信芳:《楚系簡帛釋例》,安徽大學出版社,2011年,第268頁。

墓竹簡63號“砏車”即“輕車”[①]。“少”“小”古本一字,古代“輕”與“小”“少”字義有相通之處。《淮南子・氾論》高誘注:“輕,小也。”《史記・蘇秦列傳》司馬貞《索隱》引劉氏云:“少,謂輕之。”頗疑(2)、(15)“砏牢”應該讀爲“輕牢”,即“少牢”的另一種説法。《國語・楚語下》:“祀加於舉。天子舉以大牢,祀以會;諸侯舉以特牛,祀以大牢;卿舉以少牢,祀以特牛;大夫舉以特牲,祀以少牢;士食魚炙,祀以特牲;庶人食菜,祀以魚。”韋昭注:“大牢,牛羊豕也。”“特,一也。”“少牢,羊豕。”徐元誥説:“特牛,牛父也。”[②]

二

現在討論“樂”“百”“贛”的意思。這三者是並列關係,根據後面第三部分所説,其順序是有意義的。爲了討論方便,首先説“樂”,其次説“贛”,最後説“百”。

1.樂

“棧鐘樂之”在葛陵村簡中凡十見,大致來説,“棧”字原文有“延”“脡”“砋”三種寫法,後一種寫法不見於字書。天星觀簡“棧鐘”之“棧”作“鏟”。“延”“鏟”“棧”古音相近。我曾經指出,“鏟鐘”之“鏟”即《爾雅・釋樂》“大鐘謂之鏞……小者謂之棧”的“棧”,“棧鐘”也就是編鐘[③]。陳偉、徐在國兩位先生先後指出葛陵村簡“延鐘”“脡鐘”“砋鐘”即天星觀簡的“鏟(棧)鐘”,也應該指編鐘[④],無疑是正確的。

《詩・周南・關雎》有“鐘鼓樂之”之語,簡文“棧鐘樂之”與之用語相似。歷代經師多把“鐘鼓樂之”之“樂”讀爲快樂之“樂”,解釋爲“娱悦”。“棧鐘樂之”之“樂”當非此義。從“棧鐘樂之”省作“樂之”或“樂”來看,此“樂”字應該讀爲音樂之“樂”。古代漢語名詞往往可以用作動詞,所以“古者謂作樂爲樂”[⑤]。簡文“樂”即用此義。《禮記・樂記》“比音而樂之”,孫希旦説:“比次歌曲,而以樂器奏之。”[⑥]簡文的“樂之”是爲神靈奏樂的意思。後面第三部分還將要説到,“樂之”所奏之樂器,除了“棧鐘”之外,還應該包括鼓、磬等。

---

①裘錫圭、李家浩:《曾侯乙墓竹簡釋文與考釋》,湖北省博物館編《曾侯乙墓》,中華書局,1989年,上册,第518頁考釋(137)。

②徐元誥撰,王樹民、沈長雲點校:《國語集解》,中華書局,2002年,第516頁。

③李家浩:《信陽楚簡“樂人之器”研究》,中國社會科學院簡帛研究中心編輯《簡帛研究》第三輯,廣西教育出版社,1998年,第1-5頁。

④陳偉:《新蔡楚簡零釋》,饒宗頤主編《華學》第六輯,紫禁城出版社,2003年,第97頁。徐在國:《從新蔡葛陵楚簡中的“延”字談起》,武漢大學簡帛研究中心主辦《簡帛》第一輯,上海古籍出版社,2006年,第199-201頁。

⑤王引之語。見王氏《經義述聞》卷十四“忌日不樂”條,江蘇古籍出版社影印,1985年,總第322頁。

⑥(清)孫希旦撰,沈嘯寰、王星賢點校:《禮記集解》,中華書局,1989年,下册,第976頁。

2.贛

學術界對“贛”的解釋有不同意見,《楚地出土戰國簡册合集(二)·葛陵楚墓竹簡》彭浩、賈連敏兩位先生的注,有五種之多①。在這五種之中,宋定國、賈連敏和宋華强三位先生據《説文》把“贛”讀爲“竷”,訓爲“舞”②,最值得注意。由於《説文》學家對於“竷”字的説解文字存在異議,所以我在這裏對《説文》“竷”字説解多説幾句。

《説文》夊部:“竷,繇也,舞也。樂有章。從章,從夅,從夊。《詩》曰‘竷竷舞我’。”按:大、小徐本文字相同,唯大徐本“從”作“从”。説解所引《詩》“竷竷舞我”見於《毛詩·小雅·伐木》,傳本作“坎坎鼓我”。陸德明《釋文》引《説文》“竷”字説解“繇也,舞也”作“舞曲也”。《伐木》“坎坎鼓我”的下一句是“蹲蹲舞我”,《説文》士部“壿”字説解引作“壿壿舞我”。因爲存在這樣一些問題,所以《説文》學家多對“竷”字的説解文字表示懷疑。例如段玉裁注就説“繇”當作“舎”,上“也”字衍;改“竷竷舞我”爲“竷竷鼓我”③。甚至還有人認爲“《詩》曰竷竷舞我”是後人所加。王筠比較謹慎,他説:“‘竷’下引《詩》‘竷竷舞我’,段氏改‘舞’爲‘鼓’,於理甚合,而與許説不合。字在夊部,故説曰‘舞也’。此‘舞’字不誤,則引《詩》定當作‘舞’矣。”④陳奂、馬宗霍等人也主張《説文》引《詩》不誤。陳奂説“竷竷舞我”是合“坎坎鼓我,蹲蹲舞我”兩句而言⑤;馬宗霍説許慎蓋本齊、韓《詩》⑥。王、陳、馬三氏的説法雖然不同,但他們都主張“竷”字説解不誤。“坎坎鼓我”之“鼓”,除傳統説法當擊鼓講外,還可以當摇動講。例如《易·繫辭上》“鼓之舞之以盡神”,李鼎祚《集解》引荀爽曰:“鼓,動也。”“舞”也有動義,《禮記·樂記》:“舞,動其容也。”可見“鼓”“舞”的意思是相通的,所以“鼓舞”二字連言表示手足舞動,如《孔子家語·辨政》齊有一足之鳥章:“天將大雨,商羊鼓舞。”後面第六部分所引桓譚語和王逸語,亦有“鼓舞”連言。據此,齊、韓《詩》似認爲“坎坎鼓我”與“蹲蹲舞我”同。許慎蓋本齊、韓《詩》,故他將“坎坎鼓我”引作“竷竷舞我”。如果齊、韓《詩》對“坎坎鼓我”之“鼓”的訓釋真的像我們所推測的那樣,即使《説文》“竷竷舞我”之“舞”是“鼓”字之誤,也不影響《説文》對“竷”的訓釋。

衆所周知,舞蹈的特點是通過手足的動作表現感情,所以“舞”從“舛”,“舛”從“夊”從“㐄”。《説文》有:“夊,行遲曳夊夊。象人兩脛有所躧也。凡夊之屬皆從夊。”《説文》是講字

①陳偉、彭浩主編:《楚地出土戰國簡册合集(二)》,第69-70頁注〔154〕。

②宋定國、賈連敏:《新蔡“平夜君成”墓與出土楚簡》,艾蘭、邢文編《新出簡帛研究》,文物出版社,2004年,第21頁。宋華强:《新蔡簡“百之”“贛”解》,武漢大學簡帛研究中心主辦《簡帛》第三輯,上海古籍出版社,2008年,第133-136頁;《新蔡葛陵楚簡新探》,第253-254頁。

③(清)段玉裁:《説文解字注》,上海古籍出版社影印,1981年,總第233頁上欄。

④(清)王筠:《説文釋例》卷十六《存疑》,中華書局影印,1998年,總第396頁上欄。

⑤(清)陳奂:《詩毛氏傳疏》,北京市中國書店影印,1984年,中册,卷十六,第20頁上。

⑥馬宗霍:《説文解字引經考·引詩考》,董蓮池主編《説文解字研究文獻集成》,作家出版社,2006年,第八册,第292頁下欄。

的本義的，許慎既然把“夎”字收在夊部，其義當與夊有關，正如王筠所説“舞也”不誤。其實，“繇也”也不誤。《禮記・檀弓下》：“人喜則斯陶，陶斯詠，詠斯猶，猶斯舞。”傳本於此下還有“舞斯愠”一句。據陸德明《釋文》，古本當無此句。自“喜”以下，四變而至“舞”。鄭玄注：“陶，鬱陶也。詠，謳也。猶，當爲‘摇’，聲之誤也。摇爲身動摇也。秦人‘猶’‘摇’聲相近。”孫希旦説：“愚謂喜者，外境順心而喜也。陶者，喜心鼓盪於内而欲發也。詠者，喜發於外而爲詠歌也。詠歌不已，則至於身體動摇。動摇不已，則至於起舞也。”①郭店楚簡《性自命出》34 號有與《檀弓下》“人喜則斯陶”一段相當的文字，“猶”作“猷”②。“猷”“猶”古本一字。《爾雅・釋詁》“鬱陶、繇，喜也”，郭璞注引《檀弓下》“人喜則斯陶，陶斯詠，詠斯猶”説：“猶，即繇也，古今字耳。”“繇”“猶”“猷”音近古通③，“繇”“摇”皆從“䍃”得聲。《説文》“夎，繇也”之“繇”，即《檀弓下》“詠斯猶，猶斯舞”之“猶”，按照鄭玄注的説法，應該讀爲“摇”。於此可見，《説文》“夎”字説解“繇也，舞也”當本《檀弓下》“猶斯舞”，大概許慎所據本“猶”作“繇”。至於陸德明《釋文》爲什麽會把“繇也，舞也”引作“舞曲也”，我在這裏提出一種猜測，供大家參考。“繇”“由”二字音近古通④，“由”“曲”二字形近易誤⑤。頗疑《説文》“夎”字説解一本作“由也，舞也”，在傳抄過程中，“由”誤爲形近的“曲”，後人覺得文字有問題，妄將“曲”移到“舞”字之下，並删去一“也”字，遂成爲陸德明《釋文》所引的樣子。這一誤文爲《玉篇》《廣韻》等所承襲，所以《玉篇》《廣韻》等訓“夎”爲“舞曲名”。總之，傳本《説文》“夎”字説解文字是有根據的。

上録簡文(15)、(25)“樂且贛之”之“且”是連詞，表示“樂”“贛”二者之間是並列關係，跟《詩・小雅・車舝》“式歌且舞”之“且”的用法相同。像這種用法的“且”字，還見於同墓竹簡甲三.401“於九月薦且禱之”，零.452“皆告且禱之”。一般來説，舞是有樂伴奏的，所以往往樂、舞連言，例如《大戴禮記・五帝德》“夔作樂，以歌籥舞，和以鐘鼓”。“樂且贛之”的意思是爲神靈一邊奏樂一邊跳舞。於此可見，宋定國、賈連敏和宋華强三位先生把“贛”讀爲“夎”，據《説文》訓爲“舞也”，於文意十分合適，無疑是正確的。近年發表的清華楚簡《子儀》4-5 號文字，也可以證明這一點，簡文如下：

---

①(清)孫希旦撰，沈嘯寰、王星賢點校：《禮記集解》，上册，第 271 頁。

②荆門市博物館：《郭店楚墓竹簡》，文物出版社，1998 年，第 63、180 頁。李天虹：《郭店竹簡〈性自命出〉研究》，湖北教育出版社，2003 年，第 171-173 頁。

③參看高亨著，董治安整理《古字通假會典》，齊魯書社，1989 年，第 714 頁【繇與猷】【繇與猶】條。

④參看高亨著，董治安整理《古字通假會典》，第 714-716 頁【繇與由】條。

⑤參看(清)王念孫《讀書雜志》卷一之一“由禱”條，江蘇古籍出版社影印，1985 年，總第 8 頁下欄；項楚《敦煌文學叢考》，上海古籍出版社，1991 年，第 607、626-627 頁。

〔公〕乃張大侯於東奇之外，禮子儀。亡<乍(作)>禮[①]，隋貨以贛(贛)[②]，公命窮韋陞(升)琴奏甬(鏞)，哥(歌)曰……[③]

這段文字是説，秦穆公釋放長期囚禁在秦國的楚國大臣子儀(申公鬬克)，爲他舉行賓射禮，行禮的時候，所用樂有"贛""升琴奏鏞""歌"。整理者把"贛"讀爲"贛"，據《説文》"贛"字説解，謂其用法與葛陵村簡"贛(贛)"字相同[④]。

3.百

據《楚地出土戰國簡册合集(二)·葛陵楚墓竹簡》彭浩、賈連敏兩位先生注等所説，學術界對簡文"百"的解釋有七種之多，至今尚無定論[⑤]。我認爲要想正確理解"百"是什麽意思，首先要了解"百"在簡文中所處的位置。

從有"百"字的A、B、C三類簡文來看，其特點是A類"百"位於"〔棧鐘〕樂之"與"贛之"之間，B類"百"位於"贛之、樂之"之前，C類"百"位於"贛之"之前。A類共七例，B、C兩類各一例，當以A類爲常規形式，B類是A類另一種記録形式(參看下文第三部分)，C類是A類的簡便形式。我們已知"棧鐘樂之""樂之"和"贛之"的意思，那麽位於它們之間的"百"就不難索解了。

《周禮·春官·大司樂》有一段講祭祀的文字，對於我們理解簡文的"百"很有幫助，內容如下：

乃分樂而序之，以祭、以享、以祀。乃奏黄鐘，歌大吕，舞《雲門》，以祀天神。乃奏大蔟，歌應鐘，舞《咸池》，以祭地示。乃奏姑洗，歌南吕，舞《大磬》，以祀四望。乃奏蕤賓，歌函鐘，舞《大夏》，以祭山川。乃奏夷則，歌小吕，舞《大濩》，以享先妣。乃奏無射，歌夾鐘，舞《大武》，以享先祖。

衆所周知，古代樂、歌、舞三位一體。所以這段文字，不論是祀天神、祭地祇，還是享人鬼，都是以"奏""歌""舞"的次序進行的。將A類簡文"樂""百""贛"與之對照，不難看出"樂"相當於"奏"，"贛"相當於"舞"，"百"無疑相當於"歌"。

---

①楚簡文字"亡""乍"二字形近易訛，如郭店楚簡《六德》36號"乍(作)"即訛作"亡"。此簡文字"亡"，疑是"乍"的訛誤，讀爲"作"。"作禮"，行禮。關於楚文字"亡""乍"二字訛誤的問題，參看張峰《楚文字訛書研究》第六章第一節，上海古籍出版社，2016年，第124-134頁。

②"隋貨"，趙平安先生讀爲晉國大臣"隋會"。見趙氏《秦穆公放歸子儀考》，《文字·文獻·古史——趙平安自選集》，中西書局，2017年，第330頁；《〈子儀〉歌、隋與幾個疑難字的釋讀——兼及〈子儀〉的文本流傳》，《新出簡帛與古文字古文獻研究續集》，中西書局，2018年，第106-107頁。

③清華大學出土文獻研究與保護中心編、李學勤主編：《清華大學藏戰國竹簡(陸)》，中西書局，2016年，上册，第74-75頁；下册，第128頁。

④參看《清華大學藏戰國竹簡(陸)》，下册，第131頁注釋〔一八〕。

⑤陳偉、彭浩主編：《楚地出土戰國簡册合集(二)》，第69頁注〔153〕。晏昌貴：《巫鬼與淫祀——楚簡所見方術宗教考》，武漢大學出版社，2010年，第253-256頁。

《山海經·大荒西經》有"爰有百樂歌儛之風"語。"儛"是"舞"的俗字①,所以《文選》卷四六王元長(融)《三月三日曲水詩序》李善注引"儛"作"舞"。將A類簡文"樂""百""贛"與《山海經》"百樂歌儛"對照,同樣可以看出"百"無疑相當於"歌"。

根據前面所引清華楚簡《子儀》文字,也可以得出上述結論。將《子儀》所説秦穆公爲子儀舉行賓射禮所用樂與卜筮簡A類所用樂相互對照,雖然樂次有所不同,但是它們之間的對應關係還是十分清楚的。卜筮簡的"樂""贛"與《子儀》的"升琴奏鏞""竷"相當,那麼剩下的"百"與"歌"也應該相當。注意,《子儀》的"歌"緊位於"升琴奏鏞"之後,而卜筮簡A類的"百"緊位於"樂"之後。

根據以上所説,簡文"百"與"歌"相當。這有兩種可能:一是簡文"百"爲"歌"的假借字,如簡文"贛"爲"竷"的假借字一樣;一是簡文"百"義同"歌",如簡文"贛(竷)"義同"舞"一樣。在這兩種可能中,後一種找不到有關資料的證明,而前一種却能得到有關資料的支持,所以,我傾向於簡文"百"是"歌"字的假借。上古音"百"屬幫母鐸部,"歌"屬見母歌部。從表面上看,不論是聲母還是韻部,這兩個字的字音似乎都相差較遠,但是從有關情况看,它們在古代的讀音確實是有關係的。關於上古音幫、見二母和鐸、歌二部的字音關係,已有人論及。爲了使大家了解,我在下面稍舉例子,否則,難以使人信服。

先説聲母。古文獻中有幫、見二母通轉的例子,例如《神農本草經》中品説"狗脊"一名"百枝"②,"狗"屬見母。《説文》田部"畂"字説解:"趙魏謂陌爲畂。"《淮南子·地形》高誘注也有類似的説法③。阡陌之"陌"古本作"百",所以段玉裁注將《説文》"畂"字説解的"陌"改作"百"④,"畂"屬見母。《莊子·齊物論》"南郭子綦隱机而坐",《徐無鬼》"南郭子綦"作"南伯子綦"⑤,"郭"屬見母,"伯"屬幫母。《周禮·春官·司几筵》"凡喪事……其柏席用萑黼純",鄭玄注:"柏,'椁'字磨滅之餘。椁席,藏中神座之席也。"王念孫不同意鄭注"柏"是"椁"字磨滅之餘的説法,他説:"柏者,'椁'之借字……'椁''柏'聲相近,故字相通。"⑥按:王説可從,"柏"屬幫母,"椁"屬見母。《老子》王弼本第二十章"我獨泊兮其未兆"之"泊",陸德

①參看歐昌俊、李海霞《六朝唐五代石刻俗字研究》,巴蜀書社,2004年,第135頁。

②馬繼興主編:《神農本草經輯注》,人民衛生出版社,2017年,第163頁。《太平御覽》卷九九〇引"百枝"作"百丈"。按:"脊""丈"古音不近,疑"丈"是"支"字之誤。"支""枝"古通。上古音"脊"屬精母錫部,"枝""支"屬章母支部。古代精、章二母字音有關,支、錫二部陰入對轉。

③參看(清)王念孫《讀書雜志》卷九之四"元澤"條,總第803頁下欄-804頁上欄;何寧《淮南子集釋》,中華書局,1998年,上册,第332頁。

④(清)段玉裁:《説文解字注》,總第696頁下欄。

⑤(清)郭慶藩撰,王孝魚整理:《莊子集釋》,中華書局,1978年,第四册,第848頁注【一】郭慶藩案語。

⑥(清)王引之:《經義述聞》卷九"柏席"條引,總第209頁下欄。

明《釋文》所據王本作“廓”[①],馬王堆漢墓帛書《老子》乙本作“博”[②],“廓”屬溪母,“博”屬幫母,“泊”屬並母。“貉”從“各”聲,後世作“貊”,從“百”聲,這是因爲“貉”古讀爲“百”[③]。“貉”或作“貈”[④],金文中有一個從“貈”聲的“𩰫”,讀爲“固”[⑤]。“各”“固”屬見母。《説文》月部説“霸”,“從月䨣聲”;雨部説“䨣”,“從雨革聲,讀若膊”[⑥]。按:金文“霸”字的異體,師㚸父鼎把形旁“月”改作聲旁“帛”[⑦],霸伯簋等把形旁“月”改作聲旁“各”[⑧],曾仲大夫蛕簋作從“雨”“格”聲[⑨]。用作月相的“霸”和用作霸王的“霸”,傳世文獻或作“魄”和“伯”[⑩]。“霸”有必駕切和匹陌切兩讀,分别屬幫母和滂母,“䨣”有匹各切和古核切兩讀,分别屬滂母和見母,“伯”“魄”“帛”分别屬幫母、滂母和並母,“革”“各”“格”屬見母。《周禮·秋官·朝士》“令邦國、都家、縣鄙慮刑貶”,鄭玄注:“故書……貶爲‘窆’。杜子春云:‘窆,當爲禁’。”“貶”“窆”屬幫母,“禁”屬見母。上博楚簡《柬大王泊旱》8+3 號“吾所得地膚中者,無有名山名溪欲祭於楚邦者乎”[⑪],陳斯鵬博士説“膚”疑讀爲“莒”,簡文所記可能指《史記·楚世家》“簡王元年,北伐滅莒”之事[⑫]。按:陳説可從,已得到許多學者的贊同。金文莒國之“莒”或作從“竹”“膚”聲[⑬],故“膚”可以讀爲“莒”。“膚”屬幫母,“莒”屬見母。郭店楚簡《窮達以時》3 號“河浦”作“河固”,11 號“造父”作“造古”[⑭],“固”從“古”聲,“古”屬見母,“浦”“父”分别屬幫母和並母。

---

①(唐)陸德明:《經典釋文》,中華書局影印,1983 年,總第 357 頁上欄。

②國家文物局古文獻研究室:《馬王堆漢墓帛書〔壹〕》,文物出版社,1980 年,《老子》乙本及卷前古佚書圖版第二三五上,釋文頁第 96 頁。

③見《周禮·春官》的《肆師》和《甸祝》鄭玄注。參看高亨《古字通假會典》,第 883 頁【貊與百】條。

④參看高亨《古字通假會典》,第 781 頁【貈與貉】條。

⑤裘錫圭:《古文字論集》,中華書局,1992 年,第 427 頁。李學勤:《夏商周文明研究》,商務印書館,2015 年,第 97-99 頁。

⑥此據小徐本,大徐本“革”下無“聲”字。

⑦容庚著,張振林、馬國權摹補:《金文編》,中華書局,1985 年,第 478 頁。

⑧山西省考古研究所大河口墓地聯合考古隊:《山西翼城縣大河口西周墓地》,《考古》2011 年第 7 期,第 15 頁圖五。謝堯亭:《“格”與“霸”及晉侯銅人》,陝西省考古研究院、上海博物館《陝西韓城出土芮國文物暨周代封國考古學研究國際學術研討會文稿(二)》,上海博物館,2012 年,第 419-420 頁。

⑨容庚:《金文編》,第 478 頁。

⑩參看王國維《生霸死霸考》,《觀堂集林》,中華書局影印,1961 年,第一册,總第 19-22 頁;高亨《古字通假會典》,第 922-924 頁【伯與霸】【魄與霸】條。

⑪馬承源主編:《上海博物館藏戰國楚竹書(四)》,上海古籍出版社,2004 年,第 47、52、197、202 頁。

⑫陳斯鵬:《〈柬大王泊旱〉編聯補議》,簡帛研究網,2005 年 3 月 10 日。陳偉:《〈簡大王泊旱〉新研》,《新出楚簡研讀》,武漢大學出版社,2010 年,第 192、195 頁。

⑬容庚:《金文編》,第 296 頁。

⑭荆門市博物館:《郭店楚墓竹簡》,第 27、145 頁。袁國華:《郭店楚簡文字考釋十一則》,《中國文字》新廿四期,臺灣藝文印書館,1998 年,第 141 頁。李家浩:《讀〈郭店楚墓竹簡〉瑣議》,《中國哲學》第二十輯《郭店楚簡研究》,遼寧教育出版社,1999 年,第 353-355 頁。

清華楚簡《鄭文公問太伯》甲本5號、乙本4號“故其腹心”[①]，即《左傳》昭公二十八年等的“布其腹心”[②]，“故”屬見母，“布”屬幫母。幫、滂、並三母都是唇音，跟見母這種特殊的聲母交替現象如何解釋，學術界有不同意見。我對古音韻學是門外漢，在此就不妄加説明，以免貽笑大方。

再説韻部。鐸部是魚部入聲。古代魚部與歌部關係密切，有許多學者談到，我在這裏僅舉三個例子作爲代表。《周易・豫》六三爻辭“盱餘，悔”之“盱”，阜陽漢簡《周易》67號作“歌”[③]，“盱”屬魚部。《詩・齊風・猗嗟》之“猗嗟”，上博楚簡《孔子詩論》22號作“於差”[④]，“於”屬魚部，“猗”屬歌部。郭店楚簡《六德》的虚詞“者”或寫作“多”[⑤]，“多”屬歌部，“者”屬魚部。虞萬里先生曾撰專文討論殷周指稱詞“多”“者(諸)”的關係，説殷用“多”，周用“者(諸)”，“多”“者(諸)”的興替，“揭示出殷周兩民族端知章三系字的不同讀音”[⑥]。按：虞説如符合歷史語言實際情況，實際上也反映出歌、魚二部字音關係密切。正因爲古代魚、歌二部的字音關係密切，所以魚部入聲的鐸部與歌部的字音也有關係。就拿“百”字及其所從聲旁“白”字來説，在古代有讀入歌部。馬王堆漢墓帛書《五十二病方》第283行疽病方藥名“百合”作“罷合”[⑦]，“罷”屬歌部。《儀禮・士喪禮》“夏葛屨，冬白屨”，《周禮・天官・屨人》鄭玄注引和《通典》卷八四《禮四四・凶六・襲》引“白”作“皮”，“皮”屬歌部。古史傳説中的人物“伯益”，《漢書・叙傳》作“百儀”，《世本》《吕氏春秋・求人》《漢書・律曆志上》等作“化益”[⑧]，“化”屬歌部。舊認爲“化益”之“化”是“伯”字之誤，不一定對。前面説過，從“百”聲的“貊”或作從“各”聲的“貉”，而從“各”聲的“犃”是《説文》“駕”字的籀文，“駕”屬歌部。值得注意的是，從“各”聲的“骼”或作“髂”[⑨]，《玉篇》骨部以“髂”爲“骬”字的重文。“骬”與“歌”的古文字“訶”都從“可”聲[⑩]。

---

①清華大學出土文獻研究與保護中心編、李學勤主編：《清華大學藏戰國竹簡(陸)》，上册第59、65頁，下册第119、125頁。

②參看白於藍《簡帛古書通假字大系》，福建人民出版社，2017年，第341頁“故與布”條。

③韓自强：《阜陽漢簡〈周易〉研究》，上海古籍出版社，2004年，第7、53-54、112-113頁。

④馬承源主編：《上海博物館藏戰國楚竹書(一)》，上海古籍出版社，2001年，第34、152頁。

⑤李家浩：《關於郭店竹書〈六德〉“仁類蔑而速”一段文字的釋讀》，中國文化遺産研究院編《出土文獻研究》第十輯，中華書局，2011年，第42、50-51頁；又見黄德寬主編《安徽大學漢語言文字研究叢書・李家浩卷》，安徽大學出版社，2013年，第265-267頁。

⑥虞萬里：《由甲骨刻辭多字結構説到多諸之音義及其民族與時地》，《榆枋齋學術論集》，江蘇古籍出版社，2001年，第439-491頁。

⑦馬繼興：《馬王堆古醫書考釋》，湖南科學技術出版社，1992年，第539頁。魏啓鵬、胡翔驊：《馬王堆漢墓醫書校釋》，成都出版社，1992年，第118頁。張顯成：《簡帛藥名研究》，西南師範大學出版社，1997年，第173-174頁。

⑧朱起鳳：《辭通》，上海古籍出版社，1982年，下册，卷二三，第117-118頁，總第2599-2600頁。

⑨見《漢書・揚雄傳下》。參看楊樹達《漢書窺管》，上海古籍出版社，1984年，第676頁。

⑩容庚：《金文編》，第147、621頁。李學勤主編，沈建華、賈連翔編：《清華大學藏戰國竹簡【壹—叁】文字編》，中西書局，2014年，第66、236頁。

楚國文字“歌”通常也寫作“訶”,但是前面所引清華楚簡《子儀》“歌”字寫法比較特别,從“可”從“克”作“䪨”。這種寫法的“歌”字,除見於《子儀》5號簡之外,還見於6號簡。趙平安先生説,“䪨”是雙聲符字,“可”“克”二旁皆聲①。按:趙説可從。葛陵村楚簡“丑”字或加注“主”聲作“㞢”②,“䪨”與“㞢”同類。黄生《字詁》説:“克與可同義,但轉其聲耳。”③值得注意的是,“克”與“核”古通④,而馬王堆漢墓帛書《五十二病方》第186行“核”作從“革”聲的“𣓷”⑤。上引《説文》“霸”字聲旁“䨣”也從“革”聲,“霸”與“魄”“伯”古通,而“魄”“伯”與“百”皆從“白”得聲。這是“百”“歌”二字間接可以通用的例證。

總之,“樂”“百”“贛”之“百”在簡文中所處的位置與樂次的“歌”相當,而“百”與“歌”的字音在古代有關,所以我認爲此種用法的“百”應該讀爲“歌”。

三

許多學者指出,“樂”“歌”“贛”屬於禱祠的娱神儀式。根據以上所説,無疑是正確的。娱神的目的是希望神靈降臨,求其賜福禳災。從上録簡文看,一套完整的娱神儀式是由“樂”“歌”“贛”三個部分組成的。但是,有時不必全用,衹取其中“樂”“贛”或“歌”“贛”兩個部分,或取“樂”一個部分。例如禱祠昭王,(18)用“樂”“歌”“贛”,而(23)用“歌”“贛”,(10)衹用“樂”。衹取“樂”“歌”“贛”中的某一部分,似乎没有“歌”或“贛”,這種情況值得注意。

據王國維《釋樂次》所説,諸侯以上禮之盛者用樂的次序是:金奏始,次升歌,次下管,配以舞,金奏終⑥。金奏始是迎賓,金奏終是送賓。錢玄《三禮通論》的《禮儀編》也談到這個問題⑦。我從他們所引的書證中選出三條作爲例子,以便大家了解。《儀禮·燕禮·記》“若以樂納賓,則賓及庭,奏《肆夏》”,鄭玄注:“《肆夏》,樂章也,今亡。以鐘鎛播之,鼓磬應之,所謂金奏也。”《儀禮·鄉飲酒禮》“賓出,奏《陔》”,鄭玄注:“《周禮·鐘師》‘以鐘鼓奏《九夏》’,是奏《陔夏》則有鐘鼓矣。鐘鼓者天子諸侯備用之,大夫士,鼓而已。”《禮記·明堂位》:“季

①趙平安:《〈子儀〉歌、隋與幾個疑難字的釋讀——兼及〈子儀〉的文本流傳》,《新出簡帛與古文字古文獻研究續集》,第101-104頁。

②張新俊、張勝波:《葛陵楚簡文字編》,巴蜀書社,2008年,第220頁。李天虹:《楚國銅器與竹簡文字研究》,湖北教育出版社,2012年,第188頁。

③(清)黄生撰,(清)黄承吉合按,包殿淑點校:《字詁義府合按》,中華書局,1984年,第39頁。在此需要指出的是,黄生認爲《説文》“克”字所收二古文,“即可字之變文”,是不可信的。

④宗福邦、陳世鐃、蕭海波主編:《故訓匯纂》,商務印書館,2003年,第179頁注58、59。

⑤馬王堆漢墓帛書整理小組:《馬王堆漢墓帛書〔肆〕》,文物出版社,1985年,圖版第23頁,釋文注釋第48頁。

⑥王國維:《觀堂集林》,第一册,總第84-104頁。

⑦錢玄:《三禮通論》,南京師範大學出版社,1996年,第553-556頁。

夏六月，以禘禮祀周公於大廟……升歌《清廟》，下管《象》，朱干玉戚，冕而舞《大武》，皮弁素積，裼而舞《大夏》。”

簡文“樂”“歌”“贛”的“樂”相當於“金奏”。“金奏”既用於迎賓，又用於送賓。事死如事生。準此，簡文“樂”應該既用於迎神，又用於送神。大概是由於這種原因，簡文多把“樂”寫在“歌”“贛”之前，祇有(21)把“樂”寫在“歌”“贛”之後，它們之間，正好形成互補。俞樾《古書疑義舉例》有“蒙上文而省例”和“探下文而省例”①。此後，許多學者也説到古代漢語中這兩種省文形式。屬於“樂”“歌”“贛”者，“歌”“贛”之後大概蒙上文省去“樂”；屬於“歌”“贛”“樂”者，大概“歌”“贛”之前探下文省去“樂”。“樂之”之後的“百”“贛”省去“之”和“百之”之後的“贛”省去“之”，屬於前一種情況，可以互證。根據上引《子儀》文字，除“奏鏞”外，還有“升琴”；《儀禮》鄭玄注“金奏”用鐘、鎛，兼有鼓、磬②。卜筮簡文的“樂”大概也應該如此，除“棧鐘”之外，還應該包括鼓、磬等樂器。“歌”相當於“升歌”，“升歌”有樂器伴奏。其實，凡是歌都是如此。《詩·魏風·園有桃》“我歌且謡”，毛傳：“曲合樂曰歌，徒歌曰謡。”《楚辭·九歌·東皇太一》：“疏緩節兮安歌，陳竽瑟兮浩倡。”於此可見，取“歌”“贛”這兩個部分娱神，當有竽瑟之類樂器伴奏，祇是無“金奏”而已；與之相反，取“樂”這個部分娱神，祇有“金奏”，而無“歌”“贛”。

四

截至葛陵村簡公布的2003年年底，楚國卜筮簡共有七批，它們分别出自望山M1，天星觀M1，包山M2，秦家嘴M1、M13、M99③，葛陵村M1001。卜筮簡説辭所説禱祠的神靈很多，有天神、地祇和人鬼。根據這兩種情況，或許有人會提出兩個問題：

1.爲什麽在望山M1等七批卜筮簡中，祇有天星觀卜筮簡和葛陵村卜筮簡所説禱祠用樂舞呢？

2.爲什麽在天星觀卜筮簡和葛陵村卜筮簡所説禱祠的衆多神靈中，祇有少數神靈用樂舞呢？

要回答這兩個問題，先要了解出土這七批卜筮簡的墓葬主人身份。在望山M1等七座墓葬中，祇有望山M1、天星觀M1、包山M2和葛陵村M1001四座墓墓主人的身份比較清楚。

---

①(清)俞樾等：《古書疑義舉例五種》，中華書局，1983年，第37-39頁。

②參看(清)孫詒讓撰，王文錦、陳玉霞點校《周禮正義》，中華書局，1987年，第七册，第1885-1886頁。

③秦家嘴M1、M13、M99三墓竹簡，參看晏昌貴《秦家嘴卜筮祭禱簡釋文輯校》，《巫鬼與淫祀——楚簡所見方術宗教考》，第371-376頁。

望山 M1 的墓主人叫悼固[①],是楚悼王的第三代孫,以悼王之謚爲氏;他的祖、父分别叫東宅公、王孫喿。從簡文説他"未有爵位,尚速得事"等來看,悼固雖是王室成員,但生前未有職事。

天星觀 M1 的墓主人叫番勝[②],當是番國的後裔,故以"番"爲氏[③];從簡文稱他爲"邸陽君番勝"來看,他是一位封君[④]。下面將要談到,簡文多次禱祠的"卓公至惠公"可能是番勝的曾祖和父親,他們都没有封號,看來番勝可能是初封者。

包山 M2 的墓主人叫卲㫐,他是楚昭王的第五代孫,文平夜君子良的第四代孫。子良見於《左傳》哀公十七年,是楚昭王之子,被封爲平夜君,"文"是他的謚。卲㫐官至左尹,所以簡文稱他爲"左尹卲㫐"或"左尹㫐"[⑤]。

葛陵村 M1001 的墓主人叫成,據宋華强博士考證,他是楚昭王之孫,文平夜君子良之子;他繼承了子良的封地,所以又稱"平夜君成"[⑥]。平夜君子良謚"文",所以平夜君子良又稱"平夜文君"。平夜君成的母親簡文稱爲"文夫人",當是用她丈夫的謚稱呼她。

於此可見,天星觀 M1 和葛陵村 M1001 的墓主人都是封君,前者是邸陽君番勝,後者是平夜君成。根據上文第三部分所引王國維《樂次考》説,諸侯以上才能用金奏。春秋戰國時期,禮樂崩毁,諸侯僭越用天子之禮,而諸侯的封君如同侯國國君,可以用諸侯之禮。因爲平夜君成和邸陽君番勝都是封君,所以他們二人在禱祠神靈時才有資格用金奏之樂。

從上文第一部分所引簡文來看,葛陵村簡用樂的神靈有競平王、昭王、平夜文君、文夫人、子西君、盛武君、令尹之子璿。昭王、平夜文君、文夫人與平夜君成的關係前面已經説過,此不贅言。競平王是昭王之父,平夜君成之祖。研究者多認爲子西君即見於《左傳》哀公十六年和《史記·楚世家》的令尹子西,他是平王之子,昭王之庶兄[⑦]。那麽,令尹之子璿的"令尹"可能就是指子西,"璿"即他的兒子。盛武君也是一位封君,可能與平夜文君同輩。甲三.201 號殘簡有"祭競平王以逾至文君"之語,這裏所説祭祀的對象,大概是指競平王、昭王、平夜文君三世。

天星觀簡用樂的神靈有卓公至惠公、東城夫人。卓公至惠公當是邸陽君番勝的近世祖先,以葛陵村甲三.201 號簡"競平王以逾至文君"例之,"卓公"與"惠公"之間大概僅隔一代。

---

①湖北省文物考古研究所、北京大學中文系:《望山楚簡》,中華書局,1995 年,第 136 頁。

②番勝之"勝",竹簡原文作從"力""㚔"聲,即"勝"字的異體。參看白於藍《古璽印文字考釋(四篇)》之一,《拾遺録——出土文獻研究》,科學出版社,2017 年,第 285-286 頁。

③黄盛璋:《當陽兩戈銘文考》,《江漢考古》1982 年第 1 期,第 43 頁。

④湖北省荆州地區博物館:《江陵天星觀 1 號楚墓》,《考古學報》1982 年第 1 期,第 111 頁。

⑤湖北省荆沙鐵路考古隊:《包山楚墓》,文物出版社,1991 年,上册,第 334-337 頁。

⑥宋華强:《新蔡葛陵楚簡初探》,第 113-118 頁。

⑦參看吴静安《春秋左氏傳舊注疏證續》,東北師範大學出版社,2005 年,第三册,第 1519-1520 頁;(清)梁玉繩《史記志疑》,中華書局,2006 年,第二册,第 1016-1017 頁。

那麽,卓公、惠公分别是番勝的曾祖和父親。

葛陵村簡零.282號有“禱五世”,秦家嘴M3簡有“塞禱五世以至親父母”,秦家嘴M99簡有“禱之於五世王父母順至親父母”等語。上面所説的葛陵村卜筮簡和天星觀卜筮簡所用樂的祖先,主要在“五世”範圍之内。

古代祭祀祖先的活動是在宗廟裏舉行的,卜筮簡所説禱祠祖先的活動也應該如此。先秦時期的宗廟制度,據漢代經師的説法,天子七廟,諸侯五廟,大夫二廟,士一廟①。前面説過,春秋戰國時期,禮樂崩毁,諸侯用天子之制,封君、大夫用諸侯之制。也就是説,當時的封君、大夫五廟,所以封君、大夫祭五世。當然,封君、大夫祭五世跟當時的小宗“五世而遷”的宗法制度和喪服制度也有關係。因爲五世是禱祠主人的直系近親,所以用比其他神靈更爲隆重的儀式來祈求他們保佑自己。

葛陵村卜筮簡禱祠子西君、文夫人有一個特别的現象,值得注意。子西君與文夫人合祭時,子西君的名字在前,如(8)、(21);分祭時,文夫人的名字在前,如(1)、(2)、(15)。前一種情况,可能文夫人附於子西君之廟一同合祭,反映了男尊女卑的思想;後一種情况,可能文夫人和子西君各自在自己之廟祭祀,反映了被祭者與祭者之間的親疏關係。《左傳》隱公五年《經》《傳》都講到爲魯桓公之母仲子立廟,在當時已認爲不合禮制。如果平夜君成確實爲他母親文夫人立廟,已超出五廟之制,當然是不合禮制的。如前面所説,子西君是令尹子西,他是昭王之兄,如果平夜君成確實爲他立廟,也是不合禮制的。

五

天星觀卜筮簡所記用樂神靈還有巫、社、丘、白朝、夜□。白朝、夜□性質不詳,所以我們在這裏衹談巫、社、丘爲什麽也用樂。

巫是人與鬼神之間的媒介,在古人日常生活中有許多事情需要通過巫來決定,所以巫在古人的心目中占有很重要的地位。有的巫死後上升爲神,得到人們的供奉和祭祀。早在殷商時期,卜辭裏就有祭巫的記載。例如《甲骨文合集》34138號“寧風巫九豖”;34155號“今日帝於巫豖一、犬一”。《左傳》隱公十一年記魯隱公爲公子時被鄭人所俘,隱公“賂尹氏而禱於其主鐘巫”。《史記·封禪書》説漢高祖六年(前201),“詔御史,令……長安置祠祝官、女巫。其……荆巫,祠堂下、巫先”,司馬貞《索隱》:“巫先,謂古巫之先有靈者,蓋巫咸之類也。”楚墓卜筮簡也有這方面的記載,如望山M1卜筮簡113號“嘗巫”;119號“𦗐禱大夫之

①見《穀梁傳》僖公十五年、《禮記》的《王制》《祭統》等。此是僅就不同階層的廟數而言的,具體内容,這些文獻却有出入。

私巫”[①]。據此,巫主實際上具有家族保護神的作用。

社是土地神,土地養育萬物,是人類賴以生存的基礎,所以古人很重視對社的祭祀。據《禮記·祭法》等記載,天子、大夫以上可以自立社,大夫以下不能自立社,但可以“成群立社”。據上文所説,戰國時期的封君用諸侯之制,那麽邸陽君番勝所用樂之社,當然是自立之社。如果説巫主是家族的保護神,那麽社神當是地方的保護神,所以社神在古人的心目中也占有很重要的地位,並不亞於祖先神。例如《考工記·匠人》講社、祖之神位,是“左祖右社”。不過古人認爲社神會作祟於生人,如北大漢簡《蒼頡篇》52 號説“祟在社場”[②],《諸病源候論·風病諸候下·鬼邪候》説“社祟”,敦煌寫卷 P.2856《發病書》説“祟在社公”。貞人因主人生病擬禱祠社,其目的是祈求社神的保護,禳除殃咎,“以延年益壽”。傳世文獻也有這方面的記載,如《韓非子·外儲説右下》説秦襄王病,百姓爲之祠社。

戰國時期,“丘”已指丘墓。《墨子·節葬下》:“丘壟必巨。”《吕氏春秋·孟冬》“營丘壟之大小、高卑、薄厚之度”,高誘注:“丘,墳也。”在漢魏以來鎮墓文和買地券提到的鬼神中,常常見到“丘丞、墓伯”[③]。天星觀簡的丘神,當如漢魏以來鎮墓文和買地券的“丘丞”之類。古人認爲丘墓所葬的死人化爲鬼,作祟於生人,如睡虎地秦簡《日書》甲種《詰》篇 29 背壹—31 背壹所説的“丘鬼”和 24 背貳所説的“故丘鬼”[④]。禱祠丘神的目的,是讓丘神管束丘鬼作祟於生人,祛除病人殃咎。

根據以上所説,可以看出巫、社、丘在古人生活中占有重要地位,這就不難理解天星觀卜筮簡爲什麽會禱祠巫、社、丘跟禱祠祖先一樣也用樂。

六

説到楚墓卜筮簡“樂”“歌”“饕”等屬於禱祠的歌舞娱神儀式,不得不使我們聯想到《楚辭》的《九歌》。前面曾引到《九歌》的詩句,也可以説明這一點。王逸《楚辭章句·九歌章句叙》説:

> 《九歌》者,屈原之所作也。昔楚國南郢之邑,沅、湘之間,其俗信鬼而好祠,其祠必作歌樂鼓舞以樂諸神。屈原放逐,竄伏其域,懷憂苦毒,愁思沸鬱。出見俗人祭祀之

---

①湖北省文物考古研究所、北京大學中文系:《望山楚簡》,第 39、41、78 頁。

②北京大學出土文獻研究所:《北京大學藏西漢竹簡(壹)》,上海古籍出版社,2015 年,第 9、30、53、114 頁。

③參看吴榮曾《鎮墓文中所見到的東漢道巫關係》,《先秦兩漢史研究》,中華書局,1995 年,第 370 頁。

④睡虎地秦墓竹簡整理小組:《睡虎地秦墓竹簡》,文物出版社,1990 年,圖版第 104、105 頁,釋文注釋第 212、213 頁。

禮，歌舞之樂，其詞鄙陋，因爲作《九歌》之曲。①

《太平御覽》卷五七二引“其祠”之後有“於夜”二字②。據此引文，楚國“歌樂鼓舞以樂諸神”是在夜晚進行的。

王逸是東漢南郡宜城人。宜城南距楚國故都不太遠，所以他在《九思·叙》中説：“逸與屈原同土共國。”③上引王逸《九歌章句叙》説“昔楚國南郢之邑，沅、湘之間，其俗信鬼而好祠，其祠必作歌樂鼓舞以樂諸神”，應該是可信的。民間如此，朝廷也是如此。桓譚説：

> 昔楚靈王驕逸輕下，簡賢務鬼，信巫祝之道，齋戒潔鮮，以祀上帝，禮群神，躬執羽紱，起舞壇前。吴人來攻，其國人告急，而靈王鼓舞自若，顧應之曰：“寡人方祭上帝，樂明神，當蒙福祐焉。”④

“樂”“歌”“贛”等説的正是“歌樂鼓舞以樂諸神”“樂明神”。我想，以上對楚墓卜筮簡説辭“樂”“百”“贛”的解釋，或許對於《楚辭·九歌》的研究具有一定的參考價值。

本文舊稿寫於十多年前，因考慮到把卜筮簡“樂”“百”“贛”之“百”讀爲“歌”的意見，一定會遭到學術界人士的批評，所以一直没有拿出來發表。在此期間，曾請史傑鵬博士看過，得到了他的認可。近來反復思考，覺得把簡文“百”讀爲“歌”，不論是從文義來説還是從字音來説，都是能够成立的，雖説楚人把“歌”寫作“百”有點怪，但是比起楚人其他的用字來説就不算怪了。例如大家熟知的“一”作“鼉”，又如十二地支之一的“卯”作“嫚”等⑤。“鼉”與“一”、“嫚”與“卯”，不僅字形差距很大，而且它們之間的讀音差距也很大⑥。所以，我決定把舊稿加以修改發表，向大家請教。

2018 年 1 月 4 日

補記：

最近，《江漢考古》公布的隨州棗樹林春秋曾國墓出土的嬭加編鐘銘文中，“歌舞”的“歌”作“訾”⑦。“歌”字的這種寫法是首次發現，十分重要，它的字形結構反映“訶（歌）”字在先秦時期的讀音，除了見母的喉音之外，還有幫母之類的唇音，證明本文把楚墓卜筮簡説辭中的“樂”“百”“贛”之“百”讀爲“歌”是有道理的。遺憾的是本文已經寫就，衹好在文末加寫一則補記，對這麽重要的資料加以説明。

---

①（宋）洪興祖撰，白化文等點校：《楚辭補注》，中華書局，1983 年，第 55 頁。

②（宋）李昉等：《太平御覽》，中華書局影印，1995 年，第三册，總第 2584 頁上欄。

③（宋）洪興祖：《楚辭補注》，頁 314。

④（宋）李昉等：《太平御覽》，第三册，卷五二六，總第 2389 頁下欄。朱謙之：《新輯本桓譚新論》，中華書局，2009 年，第 54 頁。

⑤李家浩：《關於葛陵村楚簡所記曆日地支用字“嫚”等的一點意見》，待刊。

⑥郭店楚簡《六德》19 號以“能”爲“一”。參看陳偉《郭店竹書别釋》，湖北教育出版社，2002 年，第 116 頁及第 120 頁校釋〔四〕。

⑦郭長江、李曉楊、凡國棟等：《嬭加編鐘銘文的初步釋讀》，《江漢考古》2019 年第 3 期，第 12 頁圖六、圖版六。

“䛩”字從“言”從“可”從“皮”。春秋金文“歌”字多寫作“訶”①,從“言”“可”聲。“䛩”當是在“訶”之上加注聲符“皮”而成。爲了字形結構匀稱,把“可”旁與“皮”旁並列寫在“言”旁之上。上古音“訶(歌)”屬見母歌部,“皮”屬並母歌部,二字韻部相同,唯聲母一個是喉音,一個是脣音。據“可”字的反文“叵”,可以證明“訶”字確實可以加注聲符“皮”。

《説文》丂部:“可,肯也。”新附:“叵,不可也。從反可。”對古文字特點有所了解的人都會知道,古文字正反不别。例如《古璽彙編》4856—4858號“可以正下”、4860—4861號“可以正民”②、4864號“可以正曲”和郭店楚簡《老子》甲組21號“可以爲天下母”等的“可”③,原文皆反書作“叵”。《書·堯典》:“嶽曰:异哉,試可乃已。”《史記·五帝本紀》與此相當的文字作“嶽曰:异哉,試不可用而已”,以《堯典》的“可”用爲“叵”。於此可見,“可”在古代又讀爲“叵”。上古音“叵”屬滂母歌部。在古代漢語中,有一種比較特殊的語言現象:一個詞具有兩個相反的意義。傳統訓詁學把這種現象稱爲“反訓”。“可”既表示能的意思,又表示不能的意思,即屬於這種情況。後世爲了區别“可”的這兩種用法,利用“可”字的兩種寫法和兩種讀音,把正寫喉音的“可”表示能的意思,把反寫脣音的“可”表示不能的意思,於是從“可”分化出一個“叵”。慧琳《一切經音義》卷十三“叵知”注説“叵”或作“頗”。劉淇、裴學海認爲“叵”“頗”同音,訓爲“遂”的“叵”或作“頗”④。“頗”從“皮”得聲,所以上博楚簡《慎子曰恭儉》3號正“中尻(處)而不皮(頗)”句,以“皮”爲“頗”⑤。以上所説有關“叵”字的情況,足以説明“䛩”字所從“皮”是加注的聲符。

上古音“皮”雖然屬並母,但是從“皮”得聲的字多屬幫母,如波、紴、跛、鞁、彼、柀、詖、陂、貱等字。就“皮”字本身來説,在古文字中也往往讀爲幫母,如幫母的“彼”,古文字以“皮”爲之⑥,僅白於藍《簡帛古書通假字大系》就收有三十九例。“䛩”字所加注的聲符“皮”,也有可能讀作幫母的音。

大家知道,曾國至少在春秋晚期已成爲楚國的附庸,其地在戰國時期屬於楚國的疆域。嬭加編鐘銘文“歌”作“䛩”,説明楚國地區見母的“歌”確實有幫母之類的脣音,證明我把楚墓卜筮簡“樂”“百”“贛”之“百”讀爲“歌”,並非胡説八道。

①容庚:《金文編》,第147、621頁。陳斯鵬、石小力、蘇清芳:《新見金文字編》,福建人民出版社,2012年,第74、269頁。

②“民”從吴振武先生釋。詳見吴氏《釋戰國“可以正民”成語璽》,湖南省博物館編《湖南博物館文集》,嶽麓書社,1991年,第49-51頁。

③羅福頤主編:《古璽彙編》,文物出版社,1981年,第440-441頁。荆門市博物館:《郭店楚墓竹簡》,第4頁。

④俞敏監修,謝紀鋒編纂:《虚詞詁林》,黑龍江人民出版社,1992年,第135頁“叵”字條《古書虚字集釋》、512頁“頗”字條《助字辨略》。

⑤馬承源主編:《上海博物館藏戰國楚竹書(六)》,上海古籍出版社,2007年,第97、278頁。

⑥王輝:《古文字通假字典》,中華書局,2008年,第566頁。白於藍:《簡帛古書通假字大系》,第440-442頁“皮與彼”條。

最後,還需要説明一下,本文第二部分第3節曾引到“白”與“皮”“百”與“罷”通用的例子,而“百”從“白”得聲,“罷”與“皮”古通①。根據此點和“謌(歌)”字所從“皮”是加注的聲符,那麽“百”與“歌”無疑也可以通用。

2019年9月11日

今天上午,讀到《文物》2019年第9期刊登的程浩《清華簡〈禱辭〉與戰國禱祀制度》一文。程文對清華大學藏戰國竹簡《禱辭》進行了介紹和研究,説《禱辭》共分八節,“在奉獻祭品的儀式中還有奏樂的環節,如第一節最末的‘三日百’。‘百’曾在新蔡簡、天星觀簡的祭禱記録中出現過”。據本文所説,《禱辭》“三日百”之“百”,顯然也應該讀爲歌舞之“歌”。

2019年10月10日

Yue(樂) and Bai (百) and Gan(贛): Three Terms in the Bamboo Slips for Divination in Chu Tombs

Li Jiahao

Abstract: Yue (樂) and bai(百) and gan(贛) are three ways of praying and sacrificing to gods and ghosts, recorded by the bamboo slips for divination unearthed from Chu tombs. Drawing on those previous studies and relevant material, some new ideas are put forward in this essay.

Key Words: Slips of divination; Yue(樂); Bai(百); Gan(贛)

(李家浩,安徽大學出土文獻與中國古代文明研究協同創新中心暨漢字發展與應用研究中心 合肥 230601)

①白於藍:《簡帛古書通假字大系》,第442頁“皮與罷”條。

清華簡第六輯補釋(六則)*

侯瑞華

摘　要:本文對《清華大學藏戰國竹簡(陸)》中的《鄭文公問太伯》(甲本)與《子産》兩篇的字詞進行補釋,認爲《鄭文公問太伯》(甲本)簡6"**免**"可讀爲"揭",簡文即"揭戈盾以造勛";同篇簡7"縈厄"讀爲"營阸/隘",是營建要塞之意。《子産》簡4"栗"可讀爲"秩",指官秩;同篇簡12"枳"讀爲"規",意爲謀劃;同篇簡26+27斷句應以"德之固""德之愛"爲定點,其中的"可用而不**勵**大國"可讀爲"何用而不耦大國"。

關鍵詞:清華簡;鄭文公問太伯;子産;補釋

一、《鄭文公問太伯》(甲本)

(一)"揭戈盾以造勛"

簡文在追述鄭桓公事迹時有如下一段描寫:

昔虐(吾)先君逗(桓)公逡(後)出【4】自周,以車七**䨻**(乘),徒卅₌(三十)人,故(布)亓(其)腹心,奮其股肱,以顉(協)於攸(庸)胍(偶),簐(笠)胄**䪏**虢(甲),**免**戈盾以嬛(造)【5】勛。①

大意主要是説鄭桓公創業艱難。范常喜先生將"**䪏**"改釋爲"**韓**",把"簐(笠)胄**韓**虢(甲)"

---

* 本文爲國家社科基金重大項目"楚文字綜合整理與楚文字學的構建"(批準編號:18ZDA304)的階段性研究成果。文章得到匿名專家的指正,謹此致謝。

①蔡一峰:《讀清華簡第六輯零劄(五則)》,陳偉武主編《古文字論壇》第二輯,中西書局,2016年,第259-260頁。

讀爲“笠冑萆甲”,“意謂以笠爲冑以萆爲甲,亦即以竹編的斗笠爲冑,以草編的雨衣爲甲,極言桓公開國之初所用兵器之簡陋、創業之艱難。”①其説可從。

簡文中的“㫃”字是一個疑難字,其作爲偏旁又見於清華簡《金縢》簡9和簡14,對應今本的“穫”字,因而整理者將《鄭文公問太伯》的“㫃”讀爲“擭”,意爲握。然而這種意義在文獻中似乎少見。徐在國先生指出:“‘㫃’應釋爲‘刈’,讀爲‘挈’。”②後又根據安大簡《詩經·葛覃》“是刈是穫”句“刈”字的寫法申述前説③。雖然該字能與傳世文獻對讀,但其本身的構形仍然没有徹底解決④。

如果從安大簡《葛覃》讀“刈”的綫索來看,這裏可以讀爲“揭”。

朱駿聲《説文通訓定聲》“艾”下云:“又爲‘愒’,《小爾雅·廣言》:‘艾,止也’,左襄九年傳‘大勞未艾’,注:‘息也’。”“愒”,《集韻·薛韻》“或作憩”,則朱駿聲以“艾”訓止、訓息是假借“愒”。“艾”爲疑母月部字,“揭”從曷得聲,爲見母月部字。聲母俱爲喉牙音,韻部相同,故讀爲“揭”在通假上是可以成立的。《説文》:“揭,高舉也。从手,曷聲。”《戰國策·齊策四》:“於是乘其車,揭其劍。”《淮南子·説山訓》:“操釣上山,揭斧入淵。”《淮南子·精神訓》:“今夫繇者,揭钁臿,負籠土,鹽汗交流,喘息薄喉。”引申而有扛負之意。《小爾雅·廣言》:“荷、揭,擔也。”《莊子·胠篋》:“然而巨盜至,則負匱、揭篋、擔囊而趨。”《史記·滑稽列傳》:“數賜縑帛,擔揭而去。”《荀子·議兵》“置戈其上”,楊倞注云:“置戈於身之上,謂荷戈也。”《詩經·曹風·候人》“何戈與祋”,毛傳云:“何,揭。”孔疏云:“荷揭戈與祋,在於道路之上。”無論是舉還是扛,後接“戈盾”都是非常順適的。如果從簡文所謂“故(布)亓(其)腹心,奮其股肱”來看,那麽可以理解爲高舉戈盾,形容其精神昂揚。如果從前述范常喜先生之説來看,那麽荷戈負盾也是艱苦創業的生動寫照。

(二)縈厄(阨/隘)蔿、邘之國

簡文叙述鄭武公開疆拓土的業績時有如下的內容:

“桊(世)【6】及虘(吾)先君武公,西䧍(城)洢(伊)、閒(澗),北邍(就)邡(鄔)、鄐(劉),縈厄郳(蔿)、竽(邘)之國,魯、衛(衛)、鄝(蓼)、郗(蔡)銮(來)見。

“縈厄”整理者讀爲“縈軛”,其後諸家多從車制角度着眼。龐壯城先生將“縈”讀爲

①范常喜:《清華六〈鄭文公問太伯〉札記三則》,《出土文獻》第十二輯,中西書局,2018年,第159頁。

②徐在國:《清華六〈鄭文公問太伯〉札記一則》,http://www.bsm.org.cn/show_article.php? id=2519,2016年4月17日。後發表於《中國文字學報》第八輯,商務印書館,2017年,第122-124頁。

③徐在國:《〈詩·周南·葛覃〉“是刈是濩”解》,《安徽大學學報(哲學社會科學版)》2017年第5期,第85頁。

④我們懷疑此字乃是從刀、歺聲,爲“刈”字異體。《説文》:“歺,𠚕骨之殘也。從半冎。凡歺之屬皆從歺。讀若櫱岸之櫱。”而“櫱”從“辥”得聲,且金文中“辥”字可與傳世文獻中的“乂”對應,如大克鼎(《集成》2836)“諫辥(乂)王家”“保辥(乂)周邦”,可與《尚書·康誥》“保乂王家”相對。

"營"①,很有啓發性,但没有進一步解釋。

"縈"與"營"古書往往通用,《公羊傳·莊公二十五年》"以朱絲營社",《釋文》云:"本作縈,同。"此處簡文所言皆爲疆土在地理上的擴張,且"縈厄"二字後接"鄓(蔿)、竽(邘)之國",因此無疑需要從地理角度而不是車軛形制考慮。"縈"字讀爲"營",就是營造、營建的意思。而"厄"字當讀爲"阨",《詩經·小雅·谷風》鄭箋"喻遭厄難勤苦之事也",《釋文》云:"厄,本又作阨。""阨"指險要、要塞。《史記·秦本紀》:"汝軍即敗,必於殽阨矣。"《史記·秦始皇本紀》:"閉關據阨,荷戟而守之。"《漢書·蕭何曹參傳》:"沛公具知天下阨塞。"賈誼《過秦論》:"秦雖小邑,伐并大城,得阨塞而守之。"在要塞的意義上,又往往寫作"隘",《左傳·定公四年》"直轅冥阨",《墨子·非攻》引作"冥隘"。《戰國策·韓策》:"今秦欲逾兵於澠隘之塞。"《淮南子·兵略訓》:"一人守隘,而千人弗敢過也。"關隘、要塞是兵家必争之地,自然需要營造和固守。古漢語中介詞"於"往往可以省略,簡文中"西城伊、澗,北就鄔、劉"實際上都省略了介詞"於","營阨/隘蔿、邘之國"也是同樣的情況,即"營阨/隘於蔿、邘之國",指在蔿、邘之地營建要塞。

二、《子産》

(一)"官政眔師秩"

《清華簡六·子産》簡3+4有如下内容:

> 子産所旨(嗜)欲不可智(知),内君子亡支(變)。官政【3】眔(懷)币(師)栗,堂(當)事,乃進,亡好,曰:"固身堇𧦝=(謹信"。謹信)又(有)事,所以自䞉(勝)立宔(中),此胃(謂)亡好【4】惡。

簡文的大致意思不難明了,主要是説子産任人唯賢,並無好惡偏向。對於"官政眔币栗"一句,整理者指出:"官政,疑指任用官吏之事。眔,讀爲'懷',《説文》:'念思也。'師,《爾雅·釋詁》:'衆也。'栗,《尚書·舜典》'寬而栗',孔疏:'謹敬也。'在此指能敬業之人。"從整理者的解釋來看,簡文文義似乎仍有未盡之處,特别是對"栗"字的理解似乎存在一些問題。

駱珍伊先生指出:"眔,及也,參《皇門》簡12'朕遺父兄眔朕藎臣'。"②王寧先生贊同其説,指出"眔"在甲骨文中寫作"",即"泣"字,與"及"音近而用爲"及",此亦當徑讀爲"及"③。

---

①龐壯城:《〈清華簡(陸)〉考釋零箋》,http://www.bsm.org.cn/show_article.php? id=2537,2016年4月27日。

②《清華六〈子産〉初讀》,簡帛網·簡帛論壇·簡帛研讀,第67樓發言,2016年4月27日。

③王寧:《清華簡六〈子産〉釋文校讀》,http://www.gwz.fudan.edu.cn/Web/Show/2851,2016年7月4日。

簡文的“眔”當如駱珍伊先生所云訓爲“及”,甲骨文中的“眔”乃“泣”字初文,多用爲名詞與名詞之間的連詞。因而“官政”與“師栗”乃是“眔”所連接的兩個並列成分。整理者指出“官政,疑指任用官吏之事”是非常準確的,所以“師栗”也一定與官吏之事有關。我們認爲簡文的“栗”當讀爲“秩”,所謂“師秩”是指官師的品級禄秩。

“栗”爲來母質部字,“秩”爲定母質部字。來母與定母皆爲舌音,二字又韻部相同,故其古音相近。傳世文獻中亦有“栗”與“秩”相通的例證,如《詩經·周頌·良耜》“積之栗栗”,《説文》“穦”下引作“穦之秩秩”;《公羊傳·哀公二年》“戰于栗”,《釋文》云:“栗,一本作秩。”因此將“栗”讀爲“秩”在通假上是没有問題的。

“秩”,《説文》訓爲“積也”,段注云:“積之必有次敘成文理,是曰秩”,則由積聚之意而引申出次敘之意。對於官吏的次敘來説,一方面可以是品級,一方面也可以是俸禄,二者皆可稱“秩”,意義也相互因循。簡文中的“官”與“師”則是對文互舉,《廣雅·釋詁四》:“師,官也。”傳世文獻中亦見官師連稱,如《左傳·襄公十四年》:“官師相規。”因此簡文中的“師栗(秩)”實際可以理解爲傳世文獻中的“官秩”,指官吏的秩序品級。《荀子·王霸》:“百官則將齊其制度,重其官秩,若是則百吏莫不畏法而遵繩矣。”

值得注意的是簡文中提到“當事,乃進”,也就是如果勝任其事則會對其人有所升進,如本篇簡10所謂“臣人非所能不進”。從升進的對象考慮,正與官秩的意義相吻合。對於官秩特别是俸禄的進升,在傳世文獻中十分常見,如《荀子·彊國》“士大夫益爵,官人益秩,庶人益禄”,《史記·秦本紀》“遂復三人官秩如故,愈益厚之”,皆可説明升進官吏的品級禄秩之意。《韓非子·亡徵》“父兄大臣禄秩過功”,《吕氏春秋》“收禄秩之不當者、共養之不宜者”,則説明爵禄要與事功相稱、相當。從簡文來説,則衹有“當事”纔能有所進用,其人之禄秩方可得到增益。

因此簡文的“官政眔帀栗”應當讀爲“官政眔師秩”,指對官吏的任用以及安排他們的品級禄秩。後文所説的“當事,乃進,亡好”,即是説任用的標準在於其人能否勝任其事,如果“當事”勝任,則進升其人的品級禄秩,没有偏愛。

(二)“在小能規”

簡11+12有如下一段話:

> 又(有)道之君,能攸(修)亓(其)邦或(國),以和=民=(和民。和民)又(有)道,才(在)大能政,才(在)小能枳;才(在)大可舊(久),才(在)小可大。

闡述有道之君能够使得百姓協和,因而不管處在大國還是小國的地位,都能够實現較好的發展。對於簡文的“政”字,整理者注云:“政,《淮南子·氾論》‘聽天下之政’,高注:‘治也。’”對簡文“枳”字注云:“枳,讀爲‘支’,支持。”①

①李學勤主編:《清華大學藏戰國竹簡(陸)》,中西書局,2016年,第141頁。

我們認爲整理者對“枳”字的釋讀似於文義不合,此字或當讀作“規”。“枳”即“枝”字異體,“枝”爲章母支部字,“規”爲見母支部字,二字聲近可通。《説文·頁部》:“蘇,小頭蘇蘇也。从頁,枝聲。讀若規。”黄侃《字通》云:“蘇讀若規,《莊子》‘規規然’即此字。”①《詩經·小雅·斯干》“如跂斯翼”,林義光《詩經通解》注云:“跂,讀爲規矩之規。規通作蘇。(《廣雅》:蘇,圓也。漢《張末碑》“蘇槼未合”,亦以蘇爲規字。)跂、蘇古同音。規爲畫圓之器,畫圓有端正之義,故規又訓爲法度,爲規勸,皆端正之義所引申也。畫圓之規無本字,(從夫從見者本義當爲窺,説見《文源》。)其狀兩股分歧,故謂之跂。(《説文》無歧字,跂即歧也。)古或借跂字爲之,後乃借用規字耳。”②因此將簡文的“枳”讀爲“規”在通假上是可以成立的。

“規”即是規劃、謀劃之意,《莊子·德充符》“而知不能規乎其始者也”,同書《田子方》“知命不能規乎其前”,《鄧析子·無厚》“計能規於未兆,慮能防於未然”。簡文所謂的“在大能政,在小能規”是説處在大國的地位上可以使國家治理得好,而處在小國的位置則可以盡可能地爲之圖謀、規劃。《吴子·圖國》“夫人有耻,在大足以戰,在小足以守矣”,可以與簡文相參。

(三)“德之固”“德之愛”

簡 26+27 有句作:

> 是胃(謂)虘(處)固,以勸(助)【26】政直(德)之固₌(固。固)以自守,不用民於兵噿(甲)戰戓(鬥),曰武悉(愛),以成政悳(德)之悉(愛)。

對簡文中“虘”字的釋讀還存在争議,趙平安先生讀爲“獻”,從整理者句讀,讀爲“是胃(謂)獻固,以助政德之固”,指出“獻固是固定的奉獻”③。我們認爲趙平安先生的意見很有啓發性,在此基礎上,簡文的句讀或許還需要進一步調整。

簡文“政德之某”的辭例於文獻中少見,而傳世文獻及出土文獻中則習見“德之某”的表達,如《左傳·文公元年》:“忠,德之正也;信,德之固也;卑讓,德之基也。”《周易·繫辭下》:“是故,履,德之基也;謙,德之柄也;復,德之本也;恒,德之固也;損,德之脩也;益,德之裕也;困,德之辨也;井,德之地也;巽,德之制也。”郭店楚簡《語叢三》簡 24:“義,德之進也。”從這樣的表達習慣出發,“政”與“德”應該斷開,而將“德之固”“德之愛”獨立出來。所謂“德之固”“德之愛”正是對前面闡述内容的總結。因而上述簡文應當讀爲:

> 是胃(謂)虘(獻)固以勸(助)【26】政,直(德)之固₌(固;固)以自守,不用民於兵噿(甲)戰戓(鬥),曰武悉(愛)以成政,悳(德)之悉(愛)。

我們認爲“獻固”如果用現代漢語直譯應該是“奉獻的固定”,也就是説“獻”是“固”的定語。其實這裏的“固”與前文所謂的“爲民型程”的“型程”是一致的内容,指子産所確立的“埜參分,粟參分,兵參分”的標準。曹錦炎先生在清華簡研讀課上曾提到“型程”就是某種

①黄侃:《説文箋識四種》,上海古籍出版社,1983 年,第 112 頁。

②林義光:《詩經通解》,中西書局,2012 年,第 210 頁。

③趙平安:《清華簡第六輯文字補釋六則》,《出土文獻》第九輯,中西書局,2016 年,第 186-187 頁。

標準程式,“固”即是對這種標準程式的概括描述。簡文的意思是説,以子產所確立的這種“奉獻的固定”(奉獻的標準)來助政,而這種“固定”是一種“德之固”。前邊的“獻固”是具體的政策,而後面的“德之固”則以“固”爲闡發點,從而上升到“德”的層面。

我們知道,國家如果没有固定的奉獻額度而朝令夕改乃至横徵暴斂,會給老百姓帶來相當沉重的負擔,各級官吏也可能藉機漁利。這樣的政策衹能導致亂政,在上位者也根本稱不上“德”。清華簡七《越公其事》簡 39 提到“初日政(征)勿若某,今政(征)砎(重),弗果”,就是這樣的一種情況。而本篇簡文的“獻固”則是相反的優良政策,通過確定標準從而使得國家收入有所依據,老百姓也有所遵從,對國家和百姓都是有利的。因此簡文會將這種政策上的“固”上升到“德之固”,用來稱贊子產的爲政。

簡文“固以自守”的“固”是承前的省略,説明以“埜参分,粟参分,兵参分”的標準來自守,並且不使百姓陷於戰争而得以安居生息。這自然是一種愛民的政策,所以稱之爲“德之愛”。

(四)“何用而不耦大國?”

簡 27+28 描述了子產爲政的種種成效,其中提到“可用而不勯(遇)大= 或=(大國,大國)古(故)肎(肯)复(作)亓(其)惎(謀)”。簡文中的“勯”字整理者讀爲“遇”,石小力先生提出“疑當讀爲‘耦’……簡文‘耦’字也用爲動詞,‘耦大國’即匹敵大國,與大國争强之意。”[①]趙平安先生則認爲“勯通寓,表示居住,或通虞,表示欺騙。簡文是説,如果能平和快樂地奉獻,國家用度足够又不居於大國之間(或國家用度足够却不欺騙大國),大國固能成其謀略”[②]。綜合上述三説,我們認爲分歧在於如何理解“虘勛和悳(憙)”句與“可用而不勯大國”句的關係。按照我們的理解,“虘勛和悳(憙)”是承上“德之固”“德之愛”説的,而後面的“可用而不勯大國”是前面種種政策所實現的效果。這樣的話,“可用而不勯大國”或許應從積極正面的角度考慮。曹錦炎先生在清華簡研讀課上曾提到“可用”當讀爲“何用”,我們認爲此説甚確,下面則爲之略作補充。

簡文的“何用而不……”就是傳世文獻中的“何用不……”《詩經·邶風·雄雉》:“不忮不求,何用不臧。”《詩經·小雅·節南山》:“國既卒斬,何用不監。”如果用現代漢語翻譯的話,“何用不……”可以理解爲“爲什麽不……”回到簡文來説,我們認爲石小力先生將“勯”讀爲“耦”是很通暢的,即爲匹敵之意。“何用而不耦大國”是説爲什麽不會和大國相匹敵呢?與《詩經》“何用不臧”的表達相一致,以反問的語氣來表達肯定的意思。“虘勛和悳(憙)”即相當於“不忮不求”,是一種條件。簡文意謂做到了“虘勛和悳(憙)”,怎麽不能和大國相匹敵呢?

---

①清華大學出土文獻讀書會:《清華六整理報告補正》,http://www.ctwx.tsinghua.edu.cn/publish/cetrp/6831/2016/20160416052940099595642_.html,2016 年 4 月 16 日。

②趙平安:《清華簡第六輯文字補釋六則》,《出土文獻》第九輯,第 187 頁。

Six Reading Notes About *Warring States Bamboo Slips Collected by Tsinghua University*(Vol.6)

Hou Ruihua

Abstract: This article gives a new interpretation of the words that appear in *Warring States Bamboo Slips Collected by Tsinghua University*(Vol.6). It seems that the character "免" which appears in *Zhengwengong Wen Taibo*(鄭文公問太伯) should be used as the character jie(揭), which means raising the spear and shield to establish feats. And the word ying e(縈厄) should be considered as building some fortresses. There are also some regular collocations such as de zhi gu (德之固) and de zhi *a*i(德之愛) should be interpreted in *Zi Chan*(子産). In addition, the character li(栗) and zhi(枳) appeared in *Zi Chan*(子産) can be used as zhi (秩) and gui(規).

Key Words: Tsinghua bamboo slips; *Zhengwengong Wen Taibo* (鄭文公問太伯); *Zi Chan* (子産); Supplementary explanation

(侯瑞華,清華大學中文系　北京　100084)

《攝命》稱謂與宗法制度*

王志平

摘　要：清華簡《攝命》公布後，各家對於《攝命》簡人物及時代的判定相距甚遠。本文從分析《攝命》篇中的各種稱謂出發，進而認爲册命的時王與受册命的儲君——王子伯攝是叔侄關係，揆諸西周史實，衹有孝王與夷王可以對應。同時，本文還從宗法角度分析了《史記·周本紀》與《三代世表》以及《世本》的稱謂異同，澄清了學界已有的一些誤解。

關鍵詞：清華簡；《攝命》；稱謂；宗法制度

清華簡《攝命》公布後，已有不少學者對此作了進一步探討，爲深入了解有關簡文貢獻了自己的高論，很多看法已被廣泛接受。但是，有共識就有分歧，各家對於《攝命》簡人物及時代的判定相距甚遠，某種程度上可見《攝命》文本研究突破之艱難。

對於簡文中涉及的有關人物，李學勤先生最早提出，《攝命》可能便是《書序》提到的《冏命》，也就是《史記·周本紀》中的《臩命》①。賈連翔、程浩、陳民鎮等先生繼續充實發展了這一思想。賈連翔從字形的角度論證"臩""冏"均是"攝"的字訛，《攝命》確爲《書序》所載的《冏命》篇，應當優先考慮《書序》《周本紀》的記載，將其看作穆王時期的作品②。程浩進一步認爲該篇與穆王以及伯冏有着千絲萬縷的聯繫，伯攝很可能是昭王别子的長子，也就是穆王的侄子③。陳民鎮則確認《攝命》便是《書序》《周本紀》所提到的《冏（臩）命》，但認爲不能

---

* 本文受國家社科基金重大項目"出土簡帛文獻與古書形成問題研究"（項目編號19ZDA250）資助。

①李學勤：《清華簡與〈尚書〉、〈逸周書〉的研究》，《史學史研究》2011年第2期。李學勤：《在〈清華大學藏戰國竹簡（柒）〉成果發布會上的講話》，《出土文獻》第十一輯，中西書局，2017年。

②賈連翔：《"攝命"即〈書序〉"臩命""冏命"説》，《清華大學學報（哲學社會科學版）》2018年第5期。

③程浩：《清華簡〈攝命〉的性質與結構》，《清華大學學報（哲學社會科學版）》2018年第5期。

簡單將《攝命》的時代定在穆王時期[①],而改主整理者的"攝"爲夷王説[②]。原整理者馬楠女士則推測"攝"爲懿王太子夷王燮,攝、燮皆葉部,書母心母音近可通;篇中周天子則是孝王辟方[③]。劉信芳則認爲本篇與《書·冏命》内容相差太遠,不宜混爲一談[④]。此外,子居先生持"平王説"[⑤],李世佳則主"宣王"説[⑥],王少林又主"共王説"[⑦],趙争折中諸説,又傾向於"穆王説"[⑧]。可謂衆説紛紜,難得一是。

關於古文尚書的《冏命》,《書序》曰:"穆王命伯冏爲周太僕正,作《冏命》。"應劭訓"正"爲"長",如依此説,則伯冏身份僅爲太僕正,與伯攝之"王子"地位不合。另外一説見於《史記·周本紀》:"穆王即位,春秋已五十矣。王道衰微,穆王閔文武之道缺,乃命伯臩申誡太僕國之政,作《臩命》,復寧。"假如按照司馬遷今文家之説,《臩命》的内容是"命伯臩申誡太僕國之政",更是與《攝命》篇風馬牛不相及。因此,我們贊同劉信芳的看法,《攝命》篇的探討還是應該從文本細讀出發深入分析,不必牽合毫不相干之《冏命》徒亂陣脚。

值得注意的是,《攝命》篇中的稱謂頗可玩味,仔細分析這些稱謂及其背後所反映的有關制度,或許可以爲解决有關争議打開思路,另辟蹊徑。

我們首先來看册命者。簡文篇末追記説"唯九月既望壬申,王在鎬京,格於大室,即位,咸。士兼右伯攝,立在中廷,北嚮。王呼作册任册命伯攝,䖒。"可以肯定這是一篇册命體文獻,册命者是王,受册命者爲伯攝。所以簡文中册命者屢次自稱,如:

余一人無晝夕勤恤,湛圂在憂。

弗功我一人在位。

余一人曷假,不則職知之聞之言。

亦余一人永安在位。

弗爲我一人羞。

①陳民鎮:《"清華簡"又新披露了哪些重要文獻》,《中華讀書報》2018年11月21日第9版。

②陳民鎮:《清華簡〈攝命〉性質小議》,《紀念清華簡入藏暨清華大學出土文獻研究與保護中心成立十周年國際學術研討會論文集》,清華大學,2018年,第47-52頁。

③馬楠:《清華簡〈攝命〉初讀》,《文物》2018年第9期。

④劉信芳:《清華藏竹書〈攝命〉章句(一)》,簡帛網 http://www.bsm.org.cn/show_article.php? id=3272,2018年12月17日。

⑤子居:《清華八〈攝命〉末簡解析》,360個人圖書館 http://www.360doc.com/content/18/1210/00/34614342_800545704.shtml,2018年12月10日。

⑥李世佳:《清華簡〈攝命〉"伯攝"身份綜論》,《清華簡〈攝命〉研究高端論壇論文集》,上海大學,2019年,第140-151頁。

⑦王少林:《册命金文、作册職官與〈攝命〉史事的年代問題》,《清華簡〈攝命〉研究高端論壇論文集》,第159-176頁。

⑧趙争:《略議清華簡〈攝命〉記事年代問題》,《清華簡〈攝命〉研究高端論壇論文集》,第177-182頁。

研究者早已指出,“余一人”是天子或諸侯的謙稱[①],因此册命者謙稱“余一人”“我一人”也就不難理解了。從簡文中看,册命人的王者身份是毋庸置疑的。

其次,再來看受册命者。受册命者“伯攝”的王子身份也很清楚。簡文説“王子則克悉用王教王學”,則伯攝爲王子,親受“王教王學”,身份非同一般。此外,簡文中還有“獲羞娧(毓)子”的説法,整理者認爲,詩書“育子”“鬻子”“鞠子”皆謂“稺子”[②]。王寧以爲“娧(毓)”當讀“胄”,“簡28之‘娧(毓)子’,亦即《書・舜典》中‘教胄子’的‘胄子’”[③],其説甚是。

按:《説文》:“育,養子使作善也。从𠫓,肉聲。《虞書》曰:‘教育子。’毓,育或从每。”段注曰:“《堯典》文。今《尚書》作‘胄子’。考鄭注《王制》作‘胄’,注《周官・大司樂》作‘育’。王肅注《尚書》作‘胄’。蓋今文作‘育’,古文作‘胄’也。《釋言》曰:‘育,稚也。’故《史記》作‘教稚子’。《邠風・毛傳》亦曰:‘鬻子,稚子也。’稚者當養以正,二義實相因。”則“毓”即“育”之異體。《古文苑》揚雄《宗正箴》:“各有育子,世以不錯。”宋章樵注:“育與胄同義。”一作“鬻子”,《詩經・豳風・鴟鴞》:“鬻子之閔斯。”毛傳:“鬻,稚。閔,病也。稚子,成王也。”今本《尚書・舜典》:“夔!命汝典樂,教胄子。”孔傳:“胄,長也,謂元子以下至卿大夫子弟。”孔穎達疏:“繼父世者,惟長子耳,故以胄爲長也。”其實,“胄子”就是嫡長子的意思。整理者已經指出,“伯攝”稱“伯”,當爲嫡長。

王國維認爲,“毓”“后”“後”三字實本一字[④]。按照他的看法,“毓子”也未嘗不可以讀爲“後子”。《墨子・節葬下》:“妻與後子死者,五皆喪之三年。”孫詒讓《閒詁》:“孔廣森云:‘後子者,爲父後之子,即長子也。《戰國策》謂齊太子申爲後子,《荀子》謂丹朱爲堯後子,其義並同。’畢云:‘後子,嗣子適也。’”但是,裘錫圭先生則認爲“毓”與“后”“後”無關,應讀爲“戚”[⑤]。不過,即使“後子”與“毓子”古文字不同,意思其實也是一樣的,“毓子”“胄子”“後子”都是繼嗣之嫡子之意。則“伯攝”的身份不但是王子,且並非王之庶子,而是承嗣的嫡子。

簡文中時王多稱呼伯攝爲“冲子”“小子”:

毋閉於乃唯冲子、小子

汝唯冲子、小子

①胡厚宣:《釋“余一人”》,《歷史研究》1957年第1期。胡厚宣:《重論“余一人”問題》,《古文字研究》第六輯,中華書局,1981年。李香平:《重釋“余一人”》,《考古與文物》2003年第1期。寧鎮疆:《也論“余一人”問題》,《歷史研究》2018年第2期。

②清華大學出土文獻研究與保護中心編,李學勤主編:《清華大學藏戰國竹簡(捌)》,中西書局,2018年,第115頁注17。

③王寧:《清華簡〈攝命〉讀札》,復旦大學出土文獻與古文字研究中心網 http://www.gwz.fudan.edu.cn,2018年11月27日。

④王國維:《殷卜辭中所見先公先王續考》,《觀堂集林》,中華書局,1959年,第442頁。

⑤裘錫圭:《論殷墟卜辭“多毓”之“毓”》,《裘錫圭學術文集》第一卷,復旦大學出版社,2012年,第404-415頁。

汝有唯冲子

汝唯冲子

有汝唯沖子

"冲子"古書習見,《尚書·召誥》:"今冲子嗣,則無遺壽耇。"孔傳:"童子,言成王少嗣位治政。""小子"就是"少子",也是年輕的意思。清朱彬《經傳考證·尚書下》:"古人親愛之辭,率以幼稚稱。周公稱成王曰'小子同未在位',稱康叔曰'小子封'是也。"所以,綜合各種稱謂來看,伯攝應當是一位年輕的嗣位王子。這樣一來,對於《攝命》篇人物及時代的範圍判定可以大幅縮小。

更主要的是,簡文有"劼(嘉)姪𠨿攝"之語,劼,李學勤先生認爲戎生編鐘的銘文有"劼遣",晉姜鼎銘文則作"嘉遣",則"劼"義同於"嘉"①。整理者從之。讀"姪"如字,兄弟之子;讀𠨿爲毖,訓告②,並將之作爲判定周天子孝王辟方與懿王太子夷王燮叔姪關係的證據。但是石小力先生認爲,清華簡(叁)《説命下》簡7"余既訳(諟)敁(劼)詠(毖)女(汝)","敁訳詠"與《攝命》之"劼姪𠨿"意同,"姪"讀爲何字待考,但也不排除與"訳"通假的可能性③。這樣一來,無異於釜底抽薪,馬楠女士的有關論述也就成爲空中樓閣了。但是,若依石小力之説,"劼姪𠨿"三字"同義連用"終歸少見。而李世佳先生指出:

> 《儀禮·喪禮》:"傳曰:姪者何也?謂吾姑者,吾謂之姪。"唐賈公彦疏:"姪者名唯對姑生稱,若對世叔唯得言昆弟之子,不得姪名也。"《左傳》魯僖公十五年(前645)"姪其從姑"條下,楊伯峻引《喪禮》作注:"古人以姑姪爲對文……戰國以降,姪又爲從子之異稱。"清代學者王念孫《讀書雜誌》"子侄"條,云:"古者唯女子稱昆弟之子爲姪,男子則否。"也就是説西周及春秋時代"姪"僅爲姊妹對其兄弟之子的稱謂,昆弟之間互稱對方子嗣爲"姪"那是戰國以後之事了。④

其實這是一種傳統説法,對此不可不辨。《説文》:"姪,兄之女也。"清朱駿聲《説文通訓定聲·履部第十二》按云:

> 受姪稱者,男女皆可通。而稱人姪者,必婦人也。男子稱兄弟之子曰從子。

又《爾雅·釋親》"母黨":

> 女子謂晜弟之子爲姪。
>
> 郭璞注:《左傳》曰:"姪其從姑。"

《左傳·僖公十五年》:

> 姪其從姑。

①李學勤:《戎生編鐘論釋》,《文物》1999年第9期。

②清華大學出土文獻研究與保護中心編,李學勤主編:《清華大學藏戰國竹簡(捌)》,第112頁注1。

③石小力:《清華簡第八輯字詞補釋》,清華大學出土文獻研究與保護中心網,2018年11月17日。

④李世佳:《清華簡〈攝命〉"伯攝"身份綜論》,《清華簡〈攝命〉研究高端論壇論文集》,第142-143頁。

正義曰:《釋親》云"父之姊妹爲姑","女子謂晜弟之子爲姪"。是謂我姪者,我謂之姑。

《左傳·襄公二十三年》:

初,臧宣叔娶於鑄,生賈及爲而死。繼室以其姪。

杜預注:女子謂兄弟之子爲姪。姪,大結切,又丈一切。穆姜之姨子也。姪,穆姜。姨母之子與穆姜爲姨昆弟。

《公羊傳·莊公十九年》:

諸侯娶一國,則二國往媵之,以姪娣從。姪者何?兄之子也。娣者何?弟也。

《儀禮·喪服》:

傳曰:姪者何也?謂吾姑者,吾謂之姪。

疏曰:"謂吾姑者吾謂之姪者",名唯對姑生稱;若對世叔,唯得言昆弟之子,不得姪名也。

《國語·周語下》:

我姬氏出自天黿,及析木者,有建星及牽牛焉。則我皇妣大姜之姪伯陵之後,逄公之所憑神也。

韋昭注:皇,君也。生曰母,死曰妣。大姜,大王之妃,王季之母。姜,女也。女子謂昆弟之子,男女皆曰姪。

《釋名·釋親屬》:

姑謂兄弟之女爲姪。姪,迭也。共行事夫,更迭進御也。

《釋名疏證》卷三:

《爾雅》曰:"女子謂晜弟之子爲姪。"《儀禮·喪服傳》曰"謂吾姑者,吾謂之姪",皆兼男女言之。《左氏·僖十五年傳》云"姪其從姑",則應在子圉,竟專言男矣。此所言唯指娣姪之從嫁者,亦當有不從事一夫者。何可鑿定!此誼亦未爲允矣。

《漢書·杜欽傳》:

娣姪雖缺不復補,所以養壽塞争也。

顔師古注:媵女之内兄弟之女則謂之姪,己之女弟則謂之娣。

《顔氏家訓·風操》:

北土人多呼爲姪。案《爾雅》《喪服經》《左傳》,姪名雖通男女,並是對姑立稱。晉世已來,始呼叔姪。今呼爲姪,於理爲勝也。

唐杜佑《通典》卷六十八《甥姪名不可施伯叔從母議》:

宋代或問顔延之曰:甥、姪亦可施於伯叔從母邪?顔答曰:伯叔有父名,則兄弟之子不得稱姪;從母有母名,則姊妹之子不可言甥。且甥、姪唯施之於舅姑耳,何者?姪之言實也,甥之言生也。女子雖出,情不自絶,故於兄弟之子,稱其情實;男子居内,據自我出,故於姊妹之子,言其出生。伯叔本内,不得言實;從母俱出,不得言生。然謂吾伯叔者,吾謂之兄弟之子;謂吾從母者,吾謂之姊妹之子。

雷次宗曰:夫謂吾姑者,吾謂之姪,此名獨從姑發。姑與伯叔於昆弟之子,其名宜同。姑以女子有行,事殊伯叔,故獨制姪名,而字偏从女,如舅與從母,爲親不異。而言謂吾舅者,吾謂之甥,亦猶自舅而制也,名發於舅,字亦從男。故姪字有女,明不及伯叔;甥字有男,見不及從母。是以《周服篇》無姪字,《小功篇》無甥名也。

清沈可培《濼源問答》卷二:

問:《左傳》"姪其從姑","姪"字指兄弟之女子,非男子也。《爾雅》:"女子謂晜弟之子爲姪。"《通典》:"顏延之曰:伯叔有父名,則兄弟之子不得稱姪。雷次宗曰:姪字有女,明不及伯叔。"今世稱兄之子弟之子爲姪,其名非古歟?

答曰:以兄弟之子爲姪,俗稱也。閻百詩雖引《吕氏春秋》有"子姪昆弟"之語,然兩《漢書》中尚無之。疏廣與兄子受並爲師傅,《傳》中竟稱"父子",不稱叔姪。至晉代始有此稱。《釋名》:"姪,迭也。娣之爲言第也。言更迭次第,進御於君也。"古者天子一娶九女,以娣姪從。《易》曰:"其君之袂,不如其娣之袂良"。《穀梁傳》"姪娣者,不孤子之義也。一人有子,三人緩帶。"疏:"姪娣者,所以分别尊卑。明夫人須媵妾之意。"以男子而字从女,六書之指舛矣。

于令升曰:姪娣者,同姓媵女之稱。兄之女來媵曰姪,妹來媵曰娣。若兄之女不媵者,但曰兄之女而不曰姪;妹不從媵但曰妹而不曰娣。古人之正名,審稱如此。由此論之,姪之名不惟不可加於男,亦不可混稱於兄弟之女也。

清王筠《菉友蛾術編》卷上:

《爾雅·釋親》:"女子謂晜弟之子爲姪。"郭注:"《左傳》曰'姪其從姑'。"所引者,僖公十五年《傳》文也。姪謂子圉,是專謂晜弟之男子也。《説文》曰"姪,兄之女也",似脱"弟"字,似本之襄公二十三年《左傳》。《傳》曰"繼室以其姪",是專謂晜弟之女子子也。許、郭二説,皆適得一偏。《儀禮·喪服篇》曰:"姪,丈夫、婦人報。"傳曰"姪者何也?謂吾姑者,吾謂之姪。"鄭注曰:"爲姪男女服同。"是説也,始與《釋親》合。

蓋古重男女之别,同爲男者爲兄弟,同爲女者爲姊妹,其輩行一也。至於姑姪不同等,姪兼男女而字从女者,因姑生此稱也。若男子於兄弟之子,則《儀禮》只稱爲"兄之子""弟之子"。《漢書·疏廣傳》則直謂之曰"父子",今山西俗語猶然。而今之通語則曰"叔姪",名之不正,蓋自晉始。《穀梁傳》范甯(晉人)《集解序》曰"我兄弟子姪",姪與子並言,似呼男子,非女子也。

從傳世文獻來看,《左傳·僖公十五年》之姪謂子圉,《國語·周語》大姜之姪謂伯陵,是男子亦可謂姪。故舊訓以爲"男女皆曰姪"。但是是否"稱人姪者,必婦人也"呢?這就需要我們結合出土文獻加以綜合研究了。

《玉篇》:"姪,徒結切。《爾雅》曰:女子謂舅弟之子爲姪。又音帙。嬞,同上。"此字亦見金文,多隸定爲"嬞"。《金文編》認爲《説文》所無,《汗簡》以爲姪字[①]。辭例如下:

《齊姪姬簋》:齊嬞姬乍寶毁。(《集成》03816)

《蘇夫人盤》:穌甫人乍嬞妃襄賸般。(《集成》10080)

《蘇夫人匜》:穌甫人乍嬞妃襄賸盉也。(《集成》10205)

《虢姪□盤》:虢嬞□(妃?)乍寶般。(《集成》10088)

《齊縈姬盤》:齊縈姬之嬞乍寶般。(《集成》10147)

《姪妊壺》:嬞妊乍安壺。(《集成》09556)

《姪妊車輨》:嬞妊乍安車。(集成 12030)

《歸叔山父簋》:歸弔山父乍疊姬尊毁。(《集成》3797-3801)[②]

"疊",《金文編》釋爲嬞,同姪。甚是。以其他"姪姬""姪妃"之例分析,"嬞"從"疊"聲,則"疊"可通"嬞",與"姪"相通。而歸叔山父顯爲男子,而爲姪姬作器,然則朱駿聲謂"稱人姪者,必婦人也"亦不確切。不過,從金文來看,稱姪者以媵器爲多,曹兆蘭認爲,"既然她們本人在稱謂中特别表明其爲'姪'的身份,顯然是從其姑而隨媵之姪女"[③]。歸叔山父當爲姬之叔,爲媵姪姬而作器;蘇夫人爲妃襄之姑,爲媵姪妃襄而作器。其他作器者,自稱爲"姪",也是對姑而言。

結合出土文獻和傳世文獻,可以得出如下結論:無論男女皆可稱爲姪,而稱人姪者,也不僅僅限於女子。至於姪字多從女者,固然與媵妾制度有密切關係,但也有不限於此者。"何可鑿定!"因而顔延之所謂"伯叔有父名,則兄弟之子不得稱姪;從母有母名,則姊妹之子不可言甥。且甥、姪唯施之於舅姑耳",揆諸出土以及傳世文獻,亦爲臆測。總之,以叔侄關係因而稱姪,雖非常例,亦屬可解,並非漢晉以後始以叔姪對稱,祇是漢晉以後叔姪對稱相對增多了。

簡文"姪"字從"女",相比之下,讀爲稱謂詞甚爲自然,似乎不必牽合《説命》"故訳謚"之三字連用之例。簡文"訵"整理者讀爲毖,訓告[④]。疑應讀爲《爾雅·釋詁上》"謐,静也"之"謐"。

簡文中另外一個引人矚目的稱謂則是"有汝由子,唯余其恤"。"由",整理者訓"用",釋爲"有汝,故用子,汝當恤我"[⑤]。劉信芳則認爲,"由"讀爲"胄",或釋胄爲"長",注家多解胄子爲國子。《書·舜典》"帝曰:夔,命汝典樂,教胄子",傳:"胄,長也。謂元子以下至卿大夫子弟。"疏:"《説文》云:胄,胤也。《釋詁》云:胤,繼也。繼父世者惟長子耳,故以胄爲長也。"

---

①容庚:《金文編》,中華書局,1985 年,第 812 頁。

②吴鎮烽《商周青銅器銘文暨圖像集成》(上海古籍出版社,2012 年)第 4687-4689 爲《歸叔山父簋》,4690-4691 爲《疊叔山父簋蓋》。疊隸定爲疊。

③曹兆蘭:《金文與殷周女性文化》,北京大學出版社,2004 年,第 156 頁。

④清華大學出土文獻研究與保護中心編,李學勤主編:《清華大學藏戰國竹簡(捌)》,第 112 頁注 1。

⑤清華大學出土文獻研究與保護中心編,李學勤主編:《清華大學藏戰國竹簡(捌)》,第 119 頁注 43。

《説文》:"胤,子孫相承續也。"《左傳》昭公七年:"况良霄,我先君穆公之胄,子良之孫,子耳之子,敝邑之卿,從政三世矣。"《左傳》襄公十四年"四嶽之裔胄也",注:"胄,後也。"《漢書·禮樂志》"帝舜命夔曰,女典樂,教胄子",師古注:"胄子即國子也。"①

我們認爲,如果"毓子"已經讀爲"胄子"的話,此處的"由子"假如也讀爲"胄子",在文字上不太統一,似乎與用字習慣不太符合。而古文字和古籍中,"由"讀爲"猶"則甚爲常見。如上博簡《豫》卦"猷余",今本作"由豫","猷""猶"一字異體,是其證。所以"由子"應當讀爲"猶子","猶子"見《禮記·檀弓上》:"喪服,兄弟之子,猶子也,蓋引而進之也。""猶子"者,似子也。本指喪服而言,謂兄弟之子與子相同,爲己之子期,兄弟之子亦爲期。後世因稱兄弟之子爲猶子,則轉成固定詞彙。如果讀爲"胄子","唯余其恤"似乎没有着落。而如果理解爲"有汝猶子,唯余其恤",似乎更合情理。正因爲没有血親關係(猶子),所以纔需要强調"唯余其恤";如果係血緣至親,"唯余其恤"是理所應當之份内事,何必要諄諄告誡呢?假如我們的這一理解是正確的話,它反過來可以作爲"劼(嘉)姪"之"姪"應讀爲本字的旁證。

古代的叔姪關係亦視同父子關係。宋王楙《野客叢書》卷十三《弟姪獻言》:

> 兄弟之子猶子也,古人視姪以父道,曰叔父,曰大人,而事叔亦以子禮。叔姪之分,與父子同,是以後世贈言不敢施於叔父者,正懼其僭也。僕謂古人叔姪之分雖有間,而事有可告,則不可得而隱。古人叔姪之間,自有相與之至情,初不以尊卑爲間者。

宋朱熹《晦庵集》卷三十《與張欽夫論程集改字》:

> 蓋《爾雅》云"女子謂兄弟之子爲姪"注引《左氏》"姪其從姑"以釋之。而反覆考尋,終不言男子謂兄弟之子爲何也。以《漢書》考之,二疏乃今世所謂叔姪,而《傳》以"父子"稱之,則是古人直謂之"子",雖漢人猶然也。蓋古人淳質,不以爲嫌,故如是稱之,自以爲安。降及後世,則必有以爲不可不辨者,於是假其所以自名於姑者而稱焉。雖非古制,然亦得别嫌明微之意。而伯父、叔父與夫所謂姑者,又皆吾父之同氣也,亦何害於親親之義哉?

明張自烈《正字通》卷二:

> 《爾雅》父之兄弟"先生者爲世父,後生者爲叔父",朱子曰:"兄弟之子稱從子。"《顔氏家訓》曰:"兄弟之子北土多呼爲姪。"按《爾雅》伯叔與父同出,故皆稱父,曰世、曰叔,所以别於所生之父也。《朱子》所謂"從子",猶今之稱"猶子"。稱"姪"也,所以别於伯、叔所生之子也。此倫與?禮之不可易者也。或泥《史》《漢》,疏受爲廣兄子,廣與受言,每稱"父子",受稱廣皆稱"大人"。蔡邕叔父名質,邕以質爲中常侍程璜所誣,上書自陳,願身當辜,匄質不并坐。書中凡兩稱父子,皆叔姪也。古人雖叔姪亦稱父子,合叔姪與父子同稱,非禮也。然則人子於父之兄弟,稱世父、叔父,父之兄弟稱兄弟,□□曰

---

①劉信芳:《清華藏竹書〈攝命〉釋讀》,復旦大學出土文獻與古文字研究中心網 http://www.gwz.fudan.edu.cn/Web/Show/4381,2019年2月2日。

從子，曰猶子，禮也。

明陳絳《金罍子》下篇卷二：

《爾雅》"父之晜弟先生爲世父，後生爲叔父"，而今世俗稱父之兄弟率曰伯、叔，兄弟之子曰姪，不知昉自何時。然五倫有父子無伯叔姪，則是以父子該伯叔姪也。考《前漢》……書中凡兩言父子，皆叔姪也。然則古人雖伯叔稱父子。

清姜宸英《湛園札記》卷三：

兄弟之子與父之兄弟，其稱謂不見於經。大抵從父而推者，皆得蒙父稱；從子而推者，皆得蒙子稱。故"父之昆弟，先生爲世父，後生爲叔父"；"父之從父昆弟爲從父，父之從祖昆弟爲族父"，蓋謂我父者，我謂之子；謂我祖者，我謂之孫。朱子云：兄弟之子稱從子。自曾祖而下三代稱"從子"，自高曾四代而下稱"族子"是也。若姊妹於兄弟之子，則推而遠之矣。故《爾雅》曰"女子謂昆弟之子爲姪"，謂姪之子爲歸孫。

然姪亦女子之號，因娣姪而得名者，非男子之正稱也。無已，則對姑而稱之，斯已耳。按僖十五年《左傳》載晉史蘇之占曰"姪其從姑"，注："謂我姪者，我謂之姑。謂子圉質秦。"此正男子對姑之稱也。

其子姪、叔姪之稱於後世者，《史記·魏其傳》云："田蚡乃爲諸郎侍酒，跪起如子姪。"謝安石云"聖賢去人其間亦邇"，"子姪未之許"是也。然亦有徑稱"子"者。《史記·二疏傳》云"父子相隨出關"，《後漢書·蔡邕傳》將作大匠楊球飛章，言邕及質，邕上書自陳"如臣父子，欲相傷陷"云云。《晉書》朝議欲以謝玄爲荆州刺史，謝安自以"父子名位太重"云云。南燕慕容輿根謂慕容寶叔父德曰："昔蒯聵出奔，衛輒不納。《春秋》是之。以子拒父猶可，况以父拒子乎！"是皆以叔姪爲父子也。至韓退之爲《元少尹房君墓志》，子曰次卿，述其弟或之言曰"子與吾兒次卿遊"，是竟稱姪爲兒矣。此則唐以前猶爲近古者也。《南史·王球傳》王履深結劉湛，誅湛之夕，履徒跣告球（其叔父也），球曰："阿父在，汝亦何憂？"注："江南人謂叔父、伯父爲阿父。"

爲叔、伯父者，以自呼。宋惟黄魯直《上叔父夷仲》詩曰："更懷父子東歸得，手種江頭柳十尋"。按古者卿大夫五十不稱字，別以伯仲。天子稱同姓曰"伯父、叔父"。是稱也，達於天下。蓋伯、叔者，長幼之稱也。若去父，止稱伯、叔，則是以長幼爲次序，而以父之昆弟，同於凡人之稱矣。《禮》惟婦稱夫之兄弟曰伯、叔（見後）。此後之失禮之甚者也。然豈獨此哉！《左傳》云"無女而姊妹，及姑姊妹"，疏引樊光曰："《春秋傳》云：姑姊妹，若父之姊爲姑姊，父之妹爲姑妹。"《列女傳》梁有節姑妹入火而救其子。又《左傳》季武子以公姑姊妻邾庶其，疏曰："或曰是父之姊是也。"蓋稱姑者有二：一爲婦於其夫之母；一爲姪於其父之姊妹。今以男子而稱父之姊妹爲姑，亦何以自别於婦人哉！故知古人稱謂之間，字必有義。後人日趨便易，不悟其失，良可慨也！

清郭夢星《午窗隨筆》卷四《叔姪父子》:

《漢書·疏廣疏受傳》云"父子並爲師傅",又云"豈如父子,相隨出關",又云"即日父子俱移病"。受固廣兄子也,而《傳》中稱謂如此。是叔姪直可謂父子,更不煩季父、猶子之贅語矣。

清孫志祖《讀書脞録》卷六《叔姪稱父子》:

古人稱叔姪亦曰父子。《漢書·疏廣傳》"父子並爲師傅",謂廣爲太子太傅,其兄子受爲少傅也。《後漢·蔡邕傳》陽球飛章言邕及質,邕上書自陳"如臣父子,欲相傷陷"。《晉書·謝安傳》朝議欲以謝元爲荆州刺史,謝安自以"父子名位太重"。質乃邕之叔父,元亦安之兄子也。《世説·文學篇》"江左殷太常父子並能言理",謂殷融及兄子浩。又《通鑑》卷一百十慕輿護曰:"以子拒父猶可,況以父拒子乎?"慕容德於寶爲叔父,亦稱父子。晉以後則罕見矣。

因此,叔姪亦猶父子,"古人事姪以父道,事叔亦以子禮",因而"有汝猶子,唯余其恤"或謂汝名分雖爲姪子,亦猶吾子,汝當以父道事余,予以禮遇顧恤。

總結以上各種稱謂,不難看出,簡文中的時王與承嗣之王子爲叔姪關係。揆諸西周史實,多數爲父子相繼,唯有周公與成王以及整理者提到的孝王與夷王可以與叔姪關係相當。但是周公雖然或有稱王[①],但是成王則爲在位之王,而非承嗣之王子,此其一。其二,成王名誦,終究與簡文作"攝"不同。其三,簡文册命之時代背景亦與成王時期不同。所以,從叔姪關係入手,則僅剩下孝王與夷王可以對應了。

但是,整理者梳理周代世系,不從《史記·周本紀》之説而從《世本》,可能會因此啓人疑竇。按《周本紀》:"穆王立五十五年,崩,子共王繄扈立……共王崩,子懿王艱立。懿王之時,王室遂衰,詩人作刺。懿王崩,共王弟辟方立,是爲孝王。孝王崩,諸侯復立懿王太子燮,是爲夷王。"馬楠女士指出:

《禮記·郊特牲》也提及"覲禮,天子不下堂而見諸侯。下堂而見諸侯,天子之失禮也,由夷王以下",鄭注"夷王,周康王之玄孫之子也。時微弱,不敢自尊於諸侯"。孔穎達《正義》中説鄭注"周康王之玄孫之子","案《世本》康王生昭王,昭王生穆王,穆王生恭王,恭王生懿王。懿王崩,弟孝王立。孝王崩,懿王大子燮立,是爲夷王。懿王是康王之玄孫,夷王是懿王之子,故云玄孫之子也。"據此則《世本》以爲孝王是懿王之弟,《史記·三代世表》亦云孝王爲"懿王弟",並非《周本紀》所謂共王之弟、懿王叔父。從世次、歷年等方面看來,此説更爲合理,亦可作爲"恭王長年説"的旁證。簡文篇首就有"王曰:'劼任,毖攝:亡承朕鄉,余弗造民康'","劼"訓爲嘉善,"毖"訓爲告,即歎美其任攝而告。對比《康誥》篇首"王若曰:孟侯,朕其弟,小子封","劼任"類於孟侯、朕其弟,

---

①參見吕廟軍《改革開放以來中國關於周公攝政稱王問題研究述評》,《高校社科動態》2011年第6期。

"侄""攝"平列類於孟侯、朕其弟、小子封平列。①

其實,馬楠誤會了《周本紀》與《三代世表》以及《世本》的異同,它們記載的是同一回事,衹不過《周本紀》説的是實際血緣,《三代世表》及《世本》則説的是世系昭穆。尤其是《世本》所述,多數是宗法制下的書法,不能與實際親緣關係相提並論。

本人在《侯馬盟書盟主稱謂與相關禮制》一文中已經談到,《世本》所説的"子"是宗法制中"爲人後者爲之子"的"子",不是指實際的親屬關係。《公羊傳・成公十五年》:"仲嬰齊者何?公孫嬰齊也。公孫嬰齊則曷爲謂之仲嬰齊?爲兄後也。爲兄後,則曷爲謂之仲嬰齊?爲人後者,爲之子也。爲人後者,爲其子,則其稱仲氏何?孫以王父字爲氏也。然則嬰齊孰後也?後歸父也。……魯人徐傷歸父之無後也,於是使嬰齊後之也。"

依《公羊》説,則公孫嬰齊繼其兄公孫歸父之後,則爲其兄公孫歸父之子,爲其父公子遂之孫②。可畫圖示意如下(阿拉伯數字爲世系):

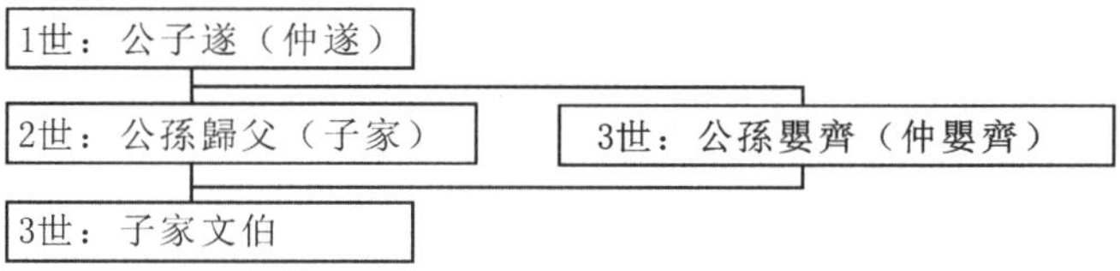

圖 1

無獨有偶,桓子趙嘉亦是如此。其爲襄子趙無恤之弟而繼襄子爲後,按照禮制,"爲人後者爲之子",所以《世本》載趙嘉爲趙無恤之子,所言爲世系昭穆,不是實際的親緣關係。與此類似,《世本》把襄子趙無恤之侄孫獻侯浣(《世本》作"起",與《趙世家》不同)也視爲襄子之子,亦是所謂的"爲人後者爲之子"。這都是指世系昭穆,並非指親屬血緣關係,不能因此就認爲桓子及獻侯亦與襄子之五子同伯仲了③。我們也繪製了這一時期的趙世系圖:

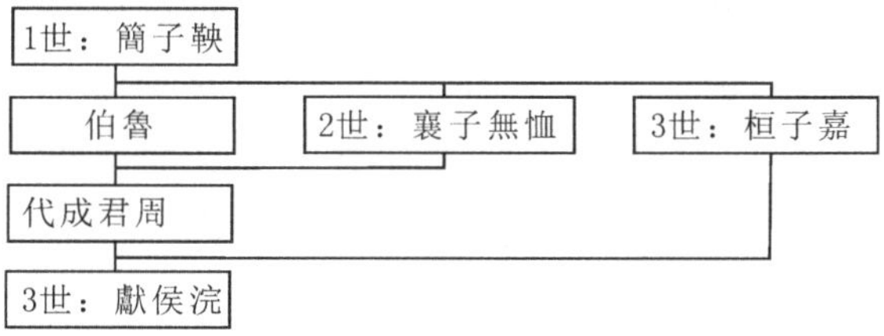

圖 2

同樣道理,《周本紀》與《三代世表》以及《世本》的異同,也是一個記載的是實際親緣關係,一個記載的是宗法制下的世系昭穆。我們仍然繪圖示意。

---

①馬楠:《清華簡〈攝命〉初讀》,《文物》2018 年第 9 期。

②依《公羊》説,似與理不合。故徐彦《疏》云:"今嬰齊後之者,若爲歸父之子,然故爲亂昭穆之序。言'失父子之親'者,若後歸父則不爲仲遂之子,故云'失父子之親'矣。"實際上,《公羊》爲異説。公孫歸父有後不容質疑。

③王志平:《侯馬盟書盟主稱謂與相關禮制》,《古文字研究》第二十四輯,中華書局,2002 年,第 312-316 頁。

《史記·周本紀》所記的世系血統圖(阿拉伯數字爲世系):

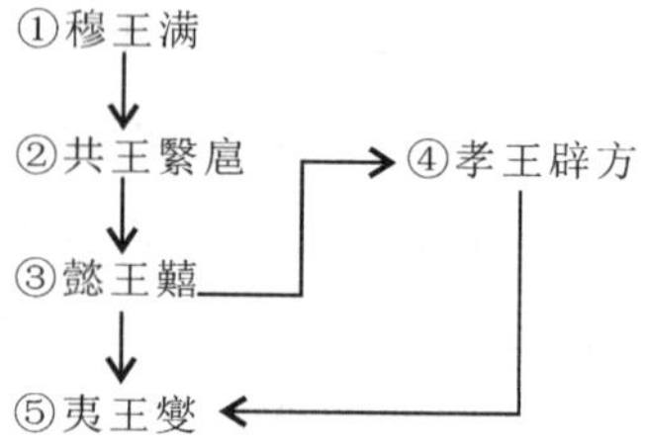

圖 3

《世本》等所記的世系宗統圖(阿拉伯數字爲世系):

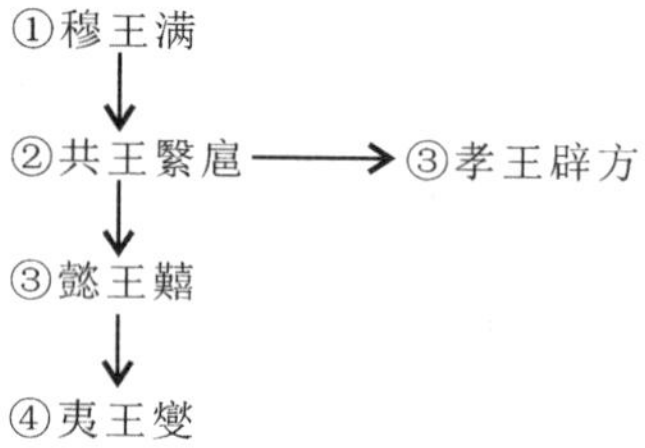

圖 4

不難看出,懿王囏與孝王辟方同爲三世,差别在於共王繄扈與懿王囏爲父死子繼,而共王繄扈與孝王辟方則爲兄終弟及;同爲三世,而一繼一及。懿王爲共王之子,是血緣嫡親;孝王亦爲共王之子,則是宗法制下的"爲人後者爲之子"的"子",不是血緣嫡親,而是指宗統承緒。

從人類學角度來説,美洲的古代瑪雅人稱貴族爲"阿里默汗",本義爲"父母親的兒子"。歐洲的古羅馬人稱貴族爲 patricus,本義爲"父親的(後代)"。林澐先生指出,這一現象説明在血緣紐帶還起相當大作用的階級社會初期,確切的父親血統對世襲貴族具有重大意義。《左傳·僖公九年》:"凡在喪,公侯曰子。"注:"子,繼父之辭也。"《禮記·曾子問》:"不俟子。"注:"嗣君也。"因爲必須是確切的"子",才有繼父嗣君的資格,所以"子"也就逐漸轉化爲一種對世襲貴族的尊稱了①。所以"爲人後者爲之子"的"子"是"繼嗣"的意思,既可以是血緣嫡親,也可以是庶姓旁親,衹要"承嗣"即可。

明了這層關係,再看上圖,同爲三世者,懿王囏與孝王辟方當同一昭穆,以兄弟相序。因此,如果了解《世本》的書法,就會明白《世本》所敘述的世系昭穆是指宗統,而不是血統。相比之下,《史記》的《本紀》《世家》纔是講血統,而不是宗統。二者産生矛盾,其故在此。

特别需要留意的是,《世本》所謂的"康王生昭王"等,衹是指繼承關係而不一定是血緣關係。已有學者指出,《世本》與《大戴禮記·帝繫》一樣,所關注的"世繫",主要是顯示"授

---

①林澐:《從武丁時代的幾種"子卜辭"試論商代的家族形態》,《古文字研究》第一輯,中華書局,1979 年。

受之正統"的政治性公職繼承系列,和同姓集團代表者的世次連綴系列①。以《帝繫》爲例,《帝繫》所謂的"産",並不一定指普通意義上的父子關係,而可能泛指出自同一父系的"後人""苗裔"之類;既可以包含真實的父子血緣,也不排斥擬制性的"世系"認同②。清代孔廣森《大戴禮記補注》卷七《帝繫》釋云:

> 産,生也。古者謂子孫爲子姓,姓之言生也,故是篇本其族姓所自出,皆謂之産。以年代校之,往往非父子繼世。郭景純亦云:"《山海經》諸言生者,多謂其苗裔,未必是親所産也。"③

《帝繫》的"産"是如此,《世本》的"生"同樣也是如此。我們不能把《世本》記載的宗統與《史記》記載的血統混爲一談。"子"是如此,"父"也是如此。趙林指出,父母與子女之間生理上的血緣關係,與法律或宗法上認定的父母子女親屬關係並不相等。有了生理上的血緣關係後,尚須完成一定的法定(即宗法上的)程式,才能取得社會上公認的親屬關係。這在現代是如此,在商代亦是如此,因爲親屬關係中還藴涵了個人法定的身份及權利義務,商人的"子子"便是宗法之法定程式④。他還指出:"商人父母子女之間的生物或生殖關係並非必要,没有生身關係也可以父母子女相稱。""生物或生身關係不是商代爲'父'者不可或缺的條件。……子如同父,也是不分直旁的親屬稱謂,生物或生身關係不是決定'子'者不可或缺的條件。"⑤即便同爲父子關係,王位繼承序位的性質亦與父系世系不同。因此,錢杭認爲將商王繼承系列乃至所有帝王繼承系列與一般父系世系關係,在理論上進行區别完全是必要的⑥。

清汪越《讀〈史記〉十表》卷一引林駉説曰:

> 《三代世表》所以觀百世之本支也。考黄帝之初,先列諸系,以祖宗爲經,以子孫爲緯,則五帝三王者皆出於黄帝,此帝王授受之正統可見也。《六國年表》所以示天下之名分……此尊卑逆順之正理可見矣。《十二諸侯年表》以下以地爲主,故年經而國緯,所以觀天下之大勢也。《功臣年表》以下以時爲主,故國經而年緯,所以觀一時之得失也。《秦楚月表》上尊義帝而漢居其中,明大義也。《將相年表》上係大事記,明職分也。⑦

錢杭指出,在司馬遷製作的與帝王諸侯之傳位繼承世系有關的這些圖表中,最基本的功能目標是顯示"授受之正統"和"逆順之正理",而不是、也没有必要全面記録某一同姓或同氏

①錢杭:《宗族的世系學研究》,復旦大學出版社,2011年,第80頁。
②同上,第74頁。
③《續修四庫全書》經部第107册,上海古籍出版社,2002年,第567頁。
④趙林:《論商代的父與子》,《漢學研究》2003年第42期。
⑤趙林:《論商代家族的親屬結構關係》,《中國史研究》2006年第2期。
⑥錢杭:《宗族的世系學研究》,第45頁。
⑦《二十五史補編》第一册,中華書局,1955年,第3頁。

集團的發展歷史[①]。因此,如果不了解《三代世表》的書法體例,同樣會走入歷史認識的誤區。

英國人類學家里弗斯(W. H. R. Rivers)在其名著《社會的組織》一書中,把繼承制度一分爲三:與親屬團體資格傳遞有關的爲 descent;與財産傳遞有關的爲 inheritance;與公共職務傳遞有關的爲 succession[②]。謝維揚先生把 descent 譯爲“世系”[③]。但是,按照我們的理解,descent 大致相當於血統,inheritance 大致相當於宗統,succession 大致相當於政統。雖然未必對應精確,但是不同層次的繼承制,反映的社會關係和組織功能也不完全相同,似乎不少歷史研究者還没有根本意識到這些已成人類學常識的重要區别。

最後需要提醒一點,對於“爲人後者爲之子”,有學者認爲其實是一種歷史的誤會。原因是《公羊》不知史實,對於兩個嬰齊分辨不清,臆造“爲人後者爲之子”之説。此時有兩個嬰齊,都是公孫,但一個嬰齊是宣公之弟叔肹之子,此叔肹即宣十七年《經》所書“公弟叔肹卒”之叔肹,故此嬰齊當稱叔嬰齊。《經》三書之公孫嬰齊,即此叔嬰齊。另一個嬰齊爲公子仲遂之子,即此仲嬰齊。魯之叔孫、仲孫、季孫都是生前賜氏的,故仲嬰齊是以父之氏爲氏,而不是以祖之字爲氏。夫子怕後人分不清兩個嬰齊,便稱叔嬰齊爲公孫嬰齊,而稱仲嬰齊爲仲嬰齊,不稱公孫,以資分别。而且此時魯之當政者爲季孫行父,宣言於朝者也是季孫行父而不是臧宣叔,故《公羊》此傳於經義史實都是荒謬的。

《穀梁》同樣也不知有兩個公孫嬰齊,其以爲前稱公孫嬰齊,此稱仲嬰齊,是因追論仲遂弑子赤之罪,而疏遠其子,不忍其爲公孫之親。不知稱公孫是親,稱氏是貴,朝廷序爵,重貴不重親,豈有疏之而反貴之之理? 故啖助駁道:“二傳不知時有叔肹子公孫嬰齊,此故稱仲以别之之義,故妄説爾。”[④]

但是《公羊》《穀梁》二傳的誤會是一回事,其所發明的“爲人後者爲之子”的禮學理論又是一回事。雖然《公羊》舉例比附不當,但是其發明的古人禮制“爲人後者爲之子”之説,在先秦時期的世族譜系中還是很常見的。我們前面已經舉了不少例證,説明這是一個很普遍的形象。而且,從世界範圍來看,類似現象也非孤例。美國人類學家施耐德(David M. Schneider)《親屬制度全是些什麽?》一文,以 Yap 島居民爲例,徹底批判了西方親屬理論的成見——即以一種生物或生殖(biological/reproductive)論的觀點,視之爲“父子”關係——但那是根本錯誤的。他指出兩者間的關係事實上非爲建立在系譜或生殖關係上,而是建立在該島文化對人際互動關係的認知上。因此他認爲親屬制度衹存在於人類學家的心中,而

①錢杭:《宗族的世系學研究》,第 61 頁。

②〔英〕W. H. R. 里弗斯著,胡貽穀譯:《社會的組織》,商務印書館,1990 年,第 75-77 頁。

③謝維揚:《周代家庭形態》,黑龍江人民出版社,2005 年,第 44 頁注 17。

④李衡眉、張世響:《從一條錯誤的禮學理論所引起的混亂説起——“禮,爲人後者爲之子”緣起剖析》,《史學集刊》2000 年第 4 期。

非存在於他們所研究的文化中①。

總之,我們從稱謂與親屬關係入手,重新分析了清華簡《攝命》篇的人物及時代,得出了與整理者完全相同的結論,從稱謂與宗法制度角度支持了時王爲孝王辟方、嗣位王子爲太子燮的看法。就整理者對於《世本》等書譜系的誤解,也從宗法角度予以了澄清。《攝命》的研究還有待深入,我們的看法也未必正確,僅供參考。但是類似《攝命》篇這樣的清華簡中所反映的稱謂與宗法制度仍然值得進一步探討。"嚶其鳴矣,求其友聲",本文的目的在於拋磚引玉,如果能有聲應氣求者,也算不枉費本文的一番良苦用心了。

On the Appellations in the Text of *Sheming*(攝命) and the Relative Patriarchal Systems

Wang Zhiping

Abstract: The studies of the text of *Sheming*(攝命) in bamboo slips collected by Tsinghua University have been disagreed each in the the title-roles and its time. This paper analyses the appellations in the text of *Sheming*(攝命), and thinks that the conferring king and the conferred prince are uncle and nephew, which match the "King Xiao(孝)" and "King Yi(夷)" accoding to the Western Zhou histories. While this paper analyses the diferrences between the texts of *Shiji Zhou benji*(史記·周本紀), *Sandai Shibiao*(三代世表) and *Shi Ben*(世本), and clarifies the existing scholar misunderstandings.

Key Words: Bamboo slips collected by Tsinghua University; *Sheming*(攝命); Appellations; Patriarchal systems

(王志平,中國社會科學院語言研究所　北京　100732)

①David M. Schneider, "What Is Kinship All About?", Priscilla Reining ed, *Kinship Studies in the Morgan Centennial Year*, Washingtong D. C: Anthropological Society of Washington, 1972, pp. 51-52.

敦煌馬圈灣漢簡第 122 號、133 號補釋

劉樂賢

摘　要:經仔細分析並參考以往討論成果,可以將馬圈灣漢簡第 122 號、133 號分別釋讀爲"戊部孤單,糧食、貨財盡,兵器敗傷,箭且索""□□□□□□敗,矢索,無以復戰,貨財、穀食單(殫)盡,車師因爲共奴所"。兩條簡文的内容密切相關:第 133 號的"敗"字及其以前部分,與第 122 號的"兵器敗傷"相當;第 133 號的"矢索",與第 122 號的"箭且索"相當;第 133 號的"貨財、穀食單(殫)盡",與 122 號的"糧食、貨財盡"相當。兩條簡文反映的,都是在彈盡糧絶背景之下的戰場慘況:第 122 號講的是將要彈盡糧絶而面臨戰敗時的情況,第 133 號講的則是已經彈盡糧絶且已經戰敗時的情況。

關鍵詞:漢簡;馬圈灣漢簡;西域戰事

本文要討論的馬圈灣漢簡第 122 號、133 號(圖見文末),屬於馬圈灣漢簡中反映王莽時期西域戰事文檔中的兩條。由於這兩條簡文的内容密切相關,故這裏一並進行研究。

以往學者對這兩條簡文的釋讀已經做過不少工作,爲節省篇幅,這裏衹介紹近幾年新發表的成果。

張德芳在 2013 年出版的《敦煌馬圈灣漢簡集釋》一書,以紅外綫掃描圖片爲依據,並廣泛參考以往研究成果,對馬圈灣漢簡做了一次新的釋讀。其第 122 號、133 號的釋文分别作:

戊部亂軍□食貨財盡兵器敗傷箭且衆(122 號)①

報……發矢崇無以復戰貨財穀食孚盡車師因爲共奴所(133 號)②

胡平生在 2015 年發表的一篇評介《敦煌馬圈灣漢簡集釋》的文章中,將這兩條簡文改釋爲:

---

①張德芳:《敦煌馬圈灣漢簡集釋》,甘肅文化出版社,2013 年,第 200、405 頁。

②同上,第 202、408 頁。

戉部孤單，糧食貨財盡，兵器敗傷，箭且衆(122 號)①

折傷，□□□□敗矢，崇無以復戰，貨財穀食單(殫)盡。車師因爲共奴所(133 號)②

白軍鵬在 2018 年出版的《敦煌漢簡校釋》中，將這兩條簡文釋讀爲：

戉部孤，單糧食、貨財盡兵器敗傷箭且衆(122 號)③

報……癸，夫崇無以復戰，供財穀食單盡，車師因爲共奴所(133 號)④

此外，李洪財在 2014 年提交的博士學位論文《漢簡草字整理與研究》中也對這兩條簡文的釋讀發表了一些意見，下文在討論相關字詞時將根據需要進行介紹或引述。

總的説來，我們對簡文的理解與胡平生較爲接近。因此，下面擬以胡平生的釋文爲綫索，對其中存在争議的一些問題略作分析。

先説第 122 號，胡平生的釋文作：戉部孤單，糧食貨財盡，兵器敗傷，箭且衆。

“孤單”的“單”字原作“”形，寫法特别。類似形狀的字在馬圈灣漢簡中凡四見，以往被誤釋成“軍”或“孚”。胡平生將其改釋爲“單”，甚確。李洪財在博士學位論文中，也已經將其改釋爲“單”⑤。在字形方面，胡平生指出第 133 號“無以復戰”的“戰”字作“”，其左旁可以與此比對。李洪財則舉出尹灣 6 號漢墓第 7 號、8 號木牘的三個“單”字，認爲其寫法與此接近。但仔細比較，尹灣 6 號漢墓第 7 號、8 號木牘中用作姓氏的三個“單”字，其寫法與此仍然略有差别。其實，在西北漢簡中也有與此寫法完全一樣的“單”字，可以爲此釋提供佐證，如居延新簡 EPT40:6A“七月十日藉白單衣一領”的“單”字作“”⑥，寫法與此一致。因漢簡中涉及“單衣”的記載甚多，故居延新簡 EPT40:6A 中這一“單”字的辨識確鑿無疑。由此可見，胡平生、李洪財對上論“單”字的改釋可信。

“單”前面的“孤”字以往多被誤釋爲“亂”，上引張德芳的釋文就採用了這種意見。從字形看，此字釋“孤”無任何可疑之處。倒是此處的“孤單”兩字應如何理解，需要進行研究。如上引釋文所示，胡平生是將“孤單”二字連讀，白軍鵬則將“孤單”二字分開讀。李洪財由於對“單”後面一字的辨識與衆不同，也主張將“孤單”二字分開讀。我們認爲，這裏的“孤單”兩字應當連讀。“孤單”在古書中雖然多用於表示人的單身無靠，但此處如用於表示戉

①胡平生：《渥窪天馬西北來，漢簡研究新飛躍——讀〈敦煌馬圈灣漢簡集釋〉》，《出土文獻與古文字研究》第六輯(《復旦大學出土文獻與古文字研究中心成立十周年紀念文集》)，上海古籍出版社，2015 年，第 470 頁。

②同上，第 470-471 頁。

③白軍鵬：《敦煌漢簡校釋》，上海古籍出版社，2018 年，第 199 頁。

④同上，第 200 頁。

⑤李洪財：《漢簡草字整理與研究》，吉林大學 2014 年博士學位論文，第 237-239 頁。李洪財：《秦漢簡文字考釋二則》，《湖南大學學報(社會科學版)》2016 年第 4 期，第 25-26 頁。

⑥楊眉：《居延新簡集釋(二)》，甘肅文化出版社，2016 年，第 142 頁。

部在戰争中的孤立無援,也頗合理。如胡平生所説,“戊部近車師,四面爲敵包圍,故言‘孤單’”①。居延新簡 EPF16:49 中也有“孤單”②,可惜由於字迹不甚清晰,該簡的意思不是十分清楚。不過從能够確認的内容推測,其“孤單”有可能與此處正在討論的“孤單”用法一致。值得注意的是,馬圈灣漢簡第 119 號中也有與此頗爲相近的表述,可以作爲參考。學者們對馬圈灣漢簡第 119 號的句讀也有不同意見,如胡平生讀作“共奴與焉耆通謀,欲攻車師,戊部孤單,大都護⧄”③,白軍鵬讀作“共奴與焉耆通謀,欲攻車師,戊部孤,單大都護⧄”④。比較特别的是,李洪財對馬圈灣漢簡第 119 號、第 122 號的兩處“孤單”讀法不同,即將前者連讀,將後者分開讀⑤。從文義看,馬圈灣漢簡第 119 號的“孤單”明顯以連讀爲妥,否則,將會出現“單大都護”這樣讓人費解的搭配。就常理而言,這兩處“孤單”的用法應當一致。這也是我們贊成將馬圈灣漢簡第 122 號中的“孤單”連讀的一個理由。

後面“糧食貨財盡”一句中的“糧”字原作“”形,李洪財認爲可以釋作“程”或“短”,並因此對其前面的“單”字也提出了兩種不同解釋⑥:

(1)從字形看,此字應當釋爲“程”,表示定額。程食,是定額食物的意思。單程食,可讀爲“殫程食”,是竭盡定額的意思。

(2)該字寫法與“短”也很接近,可能是抄寫者將“短”誤寫成了“程”。單,應讀爲“憚”,表示畏懼之義。單(憚)短食,是害怕食物短缺的意思。

李洪財還表示,他更傾向於第一種解釋。今按:所謂“程食”“短食”或“殫程食”“憚短食”的表述古書罕見,未必符合簡文實際。如果僅限於第 122 號中的這一字形,將其看作“程”或“短”似乎不無道理。但如果綜合考慮馬圈灣漢簡中與此寫法接近的幾個字形及其文例,就會發現事情並非如此簡單。胡平生已經指出該字與馬圈灣漢簡第 135 號的“糧”字寫法接近,白軍鵬也已指出該字與馬圈灣漢簡第 139 號的“糧”字寫法接近⑦。這裏可以補充的是,馬圈灣漢簡第 104 號的“糧”字也與該字寫法接近。現將這四個字形列於表一。

這四個字的寫法雖有差别,但結合字形和文例兩方面考察,它們都以釋作“糧”最爲合適。比較以後可以肯定,這四個字的左邊都是“米”。將 D 與 B 比較後可以明白,以往將 D 的左邊看作“禾”或“矢”的意見是不可信的。這四個字的右邊都與“量”的通常寫法不太一

①胡平生:《渥窪天馬西北來,漢簡研究新飛躍——讀〈敦煌馬圈灣漢簡集釋〉》,第 470 頁。

②張德芳、韓華:《居延新簡集釋(六)》,甘肅文化出版社,2016 年,第 217 頁。

③胡平生:《渥窪天馬西北來,漢簡研究新飛躍——讀〈敦煌馬圈灣漢簡集釋〉》,第 471 頁。

④白軍鵬:《敦煌漢簡校釋》,第 199 頁。

⑤李洪財:《漢簡草字整理與研究》,第 349 頁。

⑥李洪財:《漢簡草字整理與研究》,第 239 頁;《秦漢簡文字考釋二則》,第 26 頁。

⑦胡平生:《渥窪天馬西北來,漢簡研究新飛躍——讀〈敦煌馬圈灣漢簡集釋〉》,第 470 頁。白軍鵬:《敦煌漢簡校釋》,第 199 頁。

樣，爲何能够將它們釋作“糧”字，需要做些解釋。A 的右邊雖然存在少量缺筆，但仍然可以看出是寫作上“日”下“里”，也就是“量”的簡省。B、C 的右邊，其上部仍有可能是“日”的變化，但其下部已經與 A 中的“里”不太一樣了。但綜合起來看，B、C 的右邊仍然可以看作是“量”的簡省。D 的右邊可能是在 B、C 右邊的基礎上省並而成，故仍可看作是“量”的簡省。從用法看，A、D 都出現在“食”字的前面，B 的文例是“賫五十日 B 還詣部”，C 的文例是“臣△竊不自 C”。將這四個字釋爲“糧”，在上下文中都很合適。當然，C 處的“糧”應當破讀爲“量”。

表一

A(135 號)	B(139 號)	C(104 號)	D(122 號)
		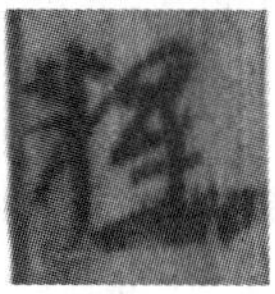	

表二

E(122 號)	F(133 號)

簡文“糧食”後面的“貨財”二字，以往也有不同釋法。白軍鵬雖然採用了釋“貨財”之説，但在注釋中指出馬圈灣漢簡第 133 號的“供財”與此内容相關，並説“亦可能二者皆作‘貨財’”①。兩條簡中的上論字形如表二所示，的確存在細微差别。所以，白軍鵬雖然承認二者在内容上相關，但仍然將第 122 號釋作“貨財”，將第 133 號釋作“供財”。李洪財也將第 122 號釋作“貨財”，但將第 133 號釋作“從尉”②。考這批簡中的“尉”字，如第 112 號“戊部尉欽”中的“尉”作“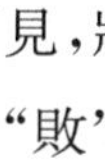”，第 117 號“都尉”的“尉”字作“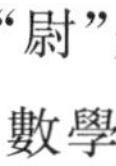”③，都與上論兩簡中的第二個字存在明顯區别。可見，將上論兩簡中的第二個字釋作“尉”是不合適的。該字的左邊與第 122 號“兵器敗傷”的“敗”字左邊一致，其右邊是“才”，多數學者將它釋作“財”是有字形根據的，應可信從。至於“財”前面一字，如果按照第 133 號的寫法，確實存在釋作“供”的可能。但是，“供財”的搭配在這裏不好解釋，不如依據第 122 號釋作“貨財”合適。這兩支簡是用草

①白軍鵬：《敦煌漢簡校釋》，第 199 頁。
②李洪財：《漢簡草字整理與研究》，第 349-350 頁。
③張德芳：《敦煌馬圈灣漢簡集釋》，199 頁。

體書寫,兩處"貨"字的寫法略有差異,不足爲怪。"貨財"習見於古書,指貨物或財物。簡文"糧食、貨財盡",是説糧食及物資都已經用完。

兵器敗傷,諸家釋讀無争議。兵器,武器。敗傷,古書或作"傷敗",損壞、敗壞。

箭,上部作"艹",漢簡中"箭"字多如此作。箭且衆,諸家釋讀無異詞,但並不好理解。疑此處所謂"衆"字應當改釋爲"索",其含義在下文討論第133號的"索"字時再講。

至此,可以將第122號的文字重新釋寫於下:

戊部孤單,糧食、貨財盡,兵器敗傷,箭且索

討論完了第122號以後,再來討論與之在内容上密切相關的第133號就比較容易了。不妨仍以胡平生的釋文爲綫索,胡平生的釋文是:

折傷,□□□□敗矢,祟無以復戰,貨財穀食單(殫)盡。車師因爲共奴所

開頭兩字都衹存部分筆迹,胡平生釋作"折傷"。胡平生釋作"折"的字,以往多釋作"報",上引張德芳、白軍鵬的釋文就採用了這種意見。胡平生釋作"傷"的字,諸家都缺釋。從殘存筆迹看,胡平生將這兩字釋作"折傷"可能是正確的。但畢竟字形多有殘損,並且其前後内容都不清楚,爲謹慎起見,還是將這兩字當作不識字處理更爲妥當一些。之後大約有四個字的地方已經全爲黑色,無法辨識筆迹。這樣,該簡上部大約有六個不能辨識的文字。

胡平生釋作"敗"的字,張德芳釋作"發",白軍鵬釋作"癸"。其字形與上論第122號中"兵器敗傷"的"敗"一樣,胡平生等學者釋作"敗",可信。下面還會談到,該簡内容多可與第122號的文字對應。此處"敗"及其前面部分文字當中,理應有與第122號中"兵器敗傷"相對應的表述。這也有助於説明,此處以釋"敗"最爲合適。

"敗"後面的"矢"字字迹甚爲清晰,釋"矢"確鑿無疑。可能是因爲釋"矢"在簡文中不好解釋,故以往又有學者提出釋"夫"之説,上引白軍鵬釋文就採用了這種意見。造成此處釋"矢"不好解釋的原因,主要在於其後面一字一直被釋爲了"祟"。釋作"祟",衹能解釋爲人名。而人名"祟"的前面顯然不宜接一"矢"字,有的研究者可能是因此而將"矢"改釋爲"夫"。實際上,此處所謂"祟"字應當改釋爲"索"。該簡的"矢索"兩字應當單獨讀,正好可以與第122號的"箭且索"對應。這兩條簡的兩個"索"字如表三所示,其上部的寫法略有差異,但考之文義,都應當視作"索"的草寫。索,訓爲"盡"。《儀禮·鄉射禮》:"若矢不備,則司馬又袒執弓,如初,升命曰:取矢不索。"鄭玄注:"索,猶盡也。"①《戰國策·秦策一》:"然而甲兵頓,士民病,蓄積索,田疇荒,困倉虛,四鄰諸侯不服,伯王之名不成。"高誘注:"索,盡也。"②《論衡·偶會》:"鴈鵠集於會稽,去避碣石之寒,來遭民田之畢,蹈履民田,啄食草糧。

①(清)胡培翬:《儀禮正義》,江蘇古籍出版社,1993年,第540頁。

②范祥雍:《戰國策箋證》,上海古籍出版社,2006年,第172、181頁。

糧盡食索，春雨適作，避熱北去，復之碣石。”①矢索，箭矢已經用完。

表三

G(122號)	H(133號)

後面的“無以復戰”，諸家釋讀無爭議，這裏不需要討論。

再後面的“貨財”，在討論第 122 號時已經論及，這裏從略。穀食，即“糧食”。《史記·吴王濞列傳》：“敝國雖貧，寡人節衣食之用，積金錢，脩兵革，聚穀食，夜以繼日，三十餘年矣。”②《漢書·荆燕吴傳》作：“吴國雖貧，寡人節衣食用，積金錢，脩兵革，聚糧食，夜以繼日，三十餘年矣。”③貨財、穀食單（殫）盡，顯然與第 122 號的“糧食、貨財盡”對應。

再後面的“車師因爲共奴所”，諸家釋讀無爭議，這裏也不需要討論。

這樣，可以將第 133 號的文字重新釋寫於下：

□□□□□□敗，矢索，無以復戰，貨財、穀食單（殫）盡，車師因爲共奴所

以上所論馬圈灣漢簡第 122 號、133 號兩簡圖見文末的内容密切相關，可以對讀。具體地説，第 133 號的“敗”字及其以前部分，大致與第 122 號的“兵器敗傷”相當；第 133 號的“矢索”，與第 122 號的“箭且索”相當；第 133 號的“貨財、穀食單（殫）盡”，與 122 號的“糧食、貨財盡”相當。兩條簡文，都是反映在彈盡糧絶背景之下的戰場慘况。從其所用字句推斷，第 122 號講的是將要彈盡糧絶而面臨戰敗時的情况，因爲其中有“箭且索”句；而第 133 號講的則是已經彈盡糧絶並且已經戰敗時的情况，因爲其中有“矢索”“車師因爲共奴所”等句。

附記：

本文交稿後，看到張俊民先生在《馬圈灣漢簡釋文校釋之三》（簡帛網 2019-10-07）中也討論到了第 122 號簡的釋讀問題。張先生在參考諸家意見的基礎上，將第 122 號簡的文字厘定爲“戊部孤單糧食貨財盡兵器敗傷箭且衆”，並説“簡文前言戊部孤單之狀如‘單’‘盡’‘敗傷’顯然與最後一個‘衆’字不符，此字應存疑待釋”。其説與本文最爲接近，頗具參考價值。看校樣時補記。

①黄暉：《論衡校釋（附劉盼遂集解）》，中華書局，1990 年，第 103 頁。

②（漢）司馬遷：《史記》，中華書局，1959 年，第 2828 頁。

③（漢）班固：《漢書》，中華書局，1962 年，第 1910 頁。

Reading Notes About NO.122 and NO.133 Han Dynasty Slips Unearthed at Majuanwan(馬圈灣),Dunhuang(敦煌)

Liu Lexian

Abstract: NO.122 and NO.133 Han Dynasty slips unearthed at Majuanwan(馬圈灣) can be respectively interpreted as wubu gudan, liangshi, huocai jin, bingqi baishang, jian qie suo (戊部孤單,糧食、貨財盡,兵器敗傷,箭且索) and □□□□□□bai, shi suo, wu yi fu zhan, huocai, gushi danjin, cheshi yinwei gong nu suo (□□□□□□敗,矢索,無以復戰,貨財、穀食單(殫)盡,車師因為共奴所) after a careful analysis of those previous studies by other scholars. The texts of the two slips are closely linked, □□□□□□bai(□□□□□□敗) of NO.133 similar to bingqi baishang(兵器敗傷) of NO.122, *shi suo*(矢索) of NO.133 similar to *jian qie suo* (箭且索) of NO.122, huocai, gushi danjin (貨財、穀食單(殫)盡) of NO.133 similar to liangshi, huocai jin (糧食、貨財盡) of NO.122.The miseries of a war after the exhaustion of food and ammunition are described in the texts of the two slips. NO.122 says that the defeat is happening after the exhaustion of food and ammunition while NO.133 says that the defeat has happened after the exhaustion of food and ammunition.

Key Words: Han Dynasty slips; Han Dynasty slips of Majuanwan(馬圈灣); Wars in the Western Regions

(劉樂賢,首都師範大學歷史學院　北京　100037)

122 號

133 號

成都老官山漢墓醫簡命名芻議*

劉春語　張媛

摘　要:成都天回鎮老官山漢墓自 2013 年發掘出土大量醫簡至今,學界對其稱引名稱多達七種。從地理因素、歷史淵源、考古學命名原則和其他漢簡命名慣例等多方面考證後,我們認爲,老官山漢墓出土的此批醫簡命名應回歸命名的目標,即"簡單又不致引起誤解",建議使用"成都老官山漢墓醫簡"較爲妥當。

關鍵詞:老官山;醫簡;命名

2012 年 7 月至 2013 年 8 月,成都市文物考古工作隊和荆州市文物保護中心聯合發掘了四座西漢時期墓葬,墓葬地址位於成都市金牛區天回鎮土門社區衛生站東側,當地俗稱爲"老官山",根據考古學通行的命名原則,2014 年考古發掘簡報以《成都市天回鎮老官山漢墓》爲題,在專業期刊《考古》上公布了發掘情況①。根據簡報内容,M1 出土木牘約 50 枚,M3 出土竹簡約 736 支。此後,學界根據以往慣例,約定俗成稱之爲"老官山漢簡";又因 M3 出土竹簡的内容包含八部醫書和一部律令,在指代關於醫學内容的竹簡時,一般又將其稱爲"老官山漢墓(出土)醫簡"(18 篇文章用此名稱)、"老官山醫簡"(2 篇文章用此名稱)、"老官山(出土)漢簡"(2 篇文章用此名稱)、"老官山竹簡"(1 篇文章用此名稱)或"(四川)(成都)老官山(漢墓)(出土)×××"(4 篇文章用此名稱)。它們的共同特點是均以"老官山"作爲首碼指稱這批漢簡。此外亦有文章將其稱爲"天回醫簡"(1 篇文章用此名稱)、"天回漢墓醫簡"(3 篇文章用此名稱)。目前此批醫簡整理工作還在進行當中,完整的圖版和釋文還未公布,學界已有七種命名方式②,同物異名,不僅容易引起混淆和誤解,對相關研究的指稱也

* 本文的寫作得到成都中醫藥大學科技發展基金項目(RWQN2018009)與全國古籍整理委員會 2018 年古籍整理"老官山"專項《老官山醫簡經脉類字詞考釋》項目資助。

①成都文物考古研究所、荆州文物保護中心:《成都市天回鎮老官山漢墓》,《考古》2014 年第 7 期。

②詳目參看附表 1。

多有不便。本文從地理因素、歷史淵源、考古學命名原則和其他漢簡命名慣例四個方面進行考證，認爲此批醫簡使用“天回醫簡”“天回漢墓醫簡”是否妥當有待商榷。經綜合考證，我們認爲使用“成都老官山漢墓醫簡”這一名稱較爲穩妥。

一、地理因素：金牛區天回鎮老官山的地理位置

老官山漢墓位於成都市金牛區天回鎮土門社區衛生站東側，區縣級行政區劃屬於成都市金牛區。金牛區是成都市中心城區之一，位於成都市北部。中華人民共和國成立後，隨着行政區劃的調整，金牛區所在地經歷了作爲成都市第四區、龍潭區、萬年區、郊區的變化。直到 1960 年，成都市郊區才改設爲金牛區，金牛區之名沿用至今。金牛區設區之後至 2016 年，轄區範圍和名稱也經過多次調整。2004 年 4 月，金牛區撤銷天回鄉等三個鄉級區劃，設立天回鎮街道等街道建制。目前金牛區共轄 15 個街道①。

老官山漢墓發掘時，天回鎮街道已經是街道建制，下轄 18 個社區，其土門社區（如圖 1 所示）成立於 2005 年，位於天回鎮街道南部，老官山漢墓即出土於土門社區衛生站的東側（中心坐標：東經 104 °6′41.96"，北緯 30 °44′56.65"）。天回鎮占地 33.34 平方公里，所轄範圍較廣②，如用這個較大的地名指代出土簡牘，地理上的指向性較爲模糊。而且老官山漢墓附近還有 20 世紀 50 年代出土的漢代崖墓③，以及 2012 年發現的大灣村漢墓④，不排除以後此地還會有墓葬甚至簡牘出土，如果擴大指稱範圍，後出簡牘的命名就會引起混亂。

此外，在天回鎮還有一座名爲天回山的丘陵，海拔 590 餘米，屬天回街道。《讀史方輿紀要》稱：“天回山，在府北二十里。《蜀紀》云：‘以杜宇自天而降，號曰天隳。’及玄宗幸蜀，返蹕時經此，土人呼曰天回山，下有天回鎮。”⑤《大清一統志》有類似記載⑥。天回鎮既然有天回山，如果用“天回（漢墓）醫簡”來稱引老官山漢墓的簡牘，更容易引起誤解。

①成都市金牛區地方志編纂委員會辦公室編：《金牛年鑒 2017》，新華出版社，第 3 頁。

②同上，第 326 頁。

③劉志遠：《成都天回山崖墓清理記》，《考古學報》1958 年第 1 期。

④目前發掘報告尚未刊登，僅有新聞報道。見新浪四川 http://sc.sina.com.cn/news/c/2012－02－27/259－102674.html，2012 年 2 月 27 日。

⑤（清）顧祖禹：《讀史方輿紀要》卷六十七《四川二》，中華書局，2005 年，第 3139 頁。

⑥《大清一統志》“天回山”條云：“在成都縣北三十里，本名天隳。唐明皇自蜀返蹕經此，因名。下有天回鎮。”

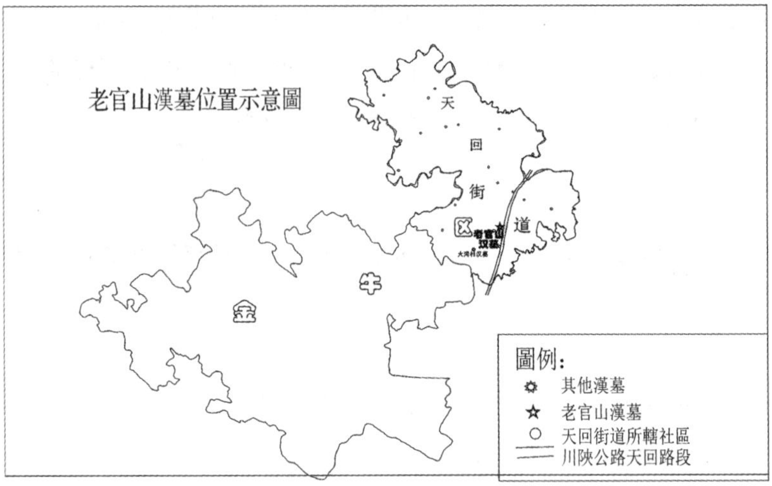

圖 1:成都市天回鎮老官山漢墓地理位置示意圖①

二、歷史淵源

成都平原地區在新石器時代就形成了諸多聚落。目前,成都平原文化序列可上推到距今5100年的什邡桂圓橋遺址②,此後陸續又有寶墩文化、三星堆文化、十二橋文化和上汪家拐遺存③等内涵豐富的文化類型在這個區域産生、消亡。春秋至戰國中期,成都平原成爲蜀國的中心,直到公元前316年,司馬錯滅蜀,秦國在蜀地置郡,成都地區才被正式納入郡縣制管理之中。此後歷經兩千多年,成都地區基本在中央王朝控制之下,成爲西南地區政治文化中心。

金牛區在秦代爲蜀郡成都縣轄地,金牛區的得名,就可追溯到秦滅蜀之戰。《括地志》載:"秦欲伐蜀,路無由入,乃刻石爲牛五頭,置金於後,僞言此牛能屎金,以遺蜀。蜀侯貪,信之,乃令五丁共引牛,塹山堙谷,致之成都。"④後秦遂從金牛道滅蜀。這段傳説雖然經過神話加工,但是"金牛壩"這個名稱後來被廣泛使用。20世紀60年代,行政區劃調整,郊區因境内"金牛壩"更設爲金牛區。金牛區所在的成都平原歷史悠久,人文繁盛,在"事死如事生"的傳統觀念影響下,今後該地可能還會發現藏有簡牘的墓葬,若考慮到此種情形,天回

①張媛據成都市金牛區地方志編纂委員會辦公室編《金牛年鑒2015》(新華出版社,2015年)第1頁"金牛區行政區劃圖"改繪。

②萬嬌、雷雨:《桂圓橋遺址與成都平原新石器文化發展脉絡》,《文物》2013年第9期。

③江章華等:《成都平原先秦文化初論》,《考古學報》2002年第1期。

④(唐)李泰等著,賀次君輯校:《括地志輯校》,中華書局,1980年,第198頁。

鎮老官山出土醫簡的命名應儘量避免使用較大行政區劃的名稱,以免引起混亂。

三、考古學命名原則:老官山漢墓——小地名原則

20世紀50年代,夏鼐先生對於考古學文化的命名就非常强調國際考古學界的命名慣例:"這種新的名稱以及新發現的各種文化的名稱如何命名,似乎可以採用最通行的辦法,便是以第一次發現的典型遺迹(不論是一個墓地或居住遺址)的小地名爲名。我很贊同這辦法。舊的名稱既已通行,如果並不引起誤會,那麽,'約定成俗',似可不必多所更動,反而引起混亂。"①夏鼐先生在論文中雖然討論的是考古學文化的命名問題,但此後考古發掘的墓葬或遺址命名大多還是遵循"典型遺址的小地名"原則。成都市天回鎮老官山漢墓遺址的命名最初就是採用了小地名命名法,在考古報告中也採用了"成都市天回鎮老官山漢墓"這樣的名稱。老官山漢墓不僅出土了大量簡牘,還出土了針灸漆人、漢代提花織機等具有重要文物價值的隨葬品,因此,老官山漢墓在發掘的同年就被評爲"2013年度全國十大考古新發現"之一②,在十大新發現中使用的名稱爲"四川成都老官山西漢木椁墓"。

據此,學界在稱引這批漢簡時,一般用"老官山(出土)漢簡(醫簡)"命名。若使用"天回醫簡""天回漢墓醫簡"稱引此批簡牘,容易引起誤解。無論從地理指向性還是考古學規範來看,似乎仍應用"約定俗成"之小地名"老官山"爲妥。

四、考古發掘漢墓出土簡牘的命名方式

經過科學手段發掘出土的漢簡目前已有很多批,影響較大的如馬王堆漢簡、張家山漢簡、銀雀山漢簡等,均以"XX(小地名)+漢簡"的形式命名。

馬王堆是瀏陽河下游冲積平原中的一個呈北偏東—南偏西方向延伸的橢圓形小臺地,位於湖南省長沙市東郊五里牌外,距長沙市中心約8公里,其中心有一個土丘,長約500米,寬230米。1972-1974年在此地進行了兩次發掘,發掘出三座墓葬,被分别命名爲"馬王堆一號漢墓""馬王堆二號漢墓""馬王堆三號漢墓"③,這些墓葬出土的簡帛後來經整理,題名爲《馬

①夏鼐:《關於考古學上文化的定名問題》,《考古》1959年第4期。

②《2013年度全國十大考古新發現》,《大衆考古》2014年第4期。

③湖南省博物館、中國科學院考古研究所:《長沙馬王堆二、三號漢墓發掘簡報》,《文物》1974年第7期。

王堆漢墓帛書(壹、叁、肆)》(由文物出版社分别於 1976 年、1983 年、1985 年出版發行)、《馬王堆帛書〈周易〉經傳校讀》(中華書局 2008 年出版)、裘錫圭主編《長沙馬王堆漢墓簡帛集成》(中華書局 2014 年出版),等等。

1983 年底至 1984 年 1 月間,荆州地區博物館在江陵縣(今荆州市荆州區)張家山發掘清理了 M247、M249、M258 三座西漢前期墓葬,出土竹簡 2000 餘枚①。張家山東南距江陵縣城約 1.5 公里,東北距故楚都紀南城約 3.5 公里。文物出版社 2001 年出版的《張家山漢墓竹簡(二四七號墓)》整理公布了 M247 的所有簡牘,所用名稱以"XX(小地名)+漢簡"的形式命名爲"張家山漢墓竹簡",學界在總體稱引此批簡牘時,約定俗成稱之爲"張家山漢簡"。

1972 年 4 月間,山東省博物館、臨沂文物組在臨沂銀雀山發掘 M1、M2 西漢墓。臨沂位於山東省的東南部,沂河由北向南從縣城東邊流過。在臨沂縣城的南面有兩個東西對峙的小山丘,當地稱爲金雀山和銀雀山。兩座墓中均有簡册出土,其中,M1 墓出土竹簡約 7500 枚,M2 出土竹簡計有 32 枚②。1975 年 7 月,文物出版社出版了《銀雀山漢墓竹簡(壹)》,同樣以"XX(小地名)+漢簡"的形式命名爲"銀雀山漢墓竹簡"。

因此成都老官山漢墓出土簡牘的命名,可以依據馬王堆、張家山、銀雀山等影響重大的漢簡的命名方式,命名爲"老官山漢簡",如要指代具體的醫簡部分,則可以命名爲"老官山漢墓醫簡"。

五、餘論

老官山漢墓簡牘已經出土四年多了,其命名並不統一,一些容易引起誤解和混淆的方面還未引起足够重視。"'命名'的原來目標,是想用簡單的名稱來充分表示一種特定的含義。使用時大家互相了解,不致引起誤解。"③希望通過此篇小文,能拋磚引玉,促進這批重要簡牘名稱的固定化,方便學界稱引。

在搜集資料時,我們發現一些值得注意的現象:一是老官山漢墓位於天回鎮土門社區衛生站東側,川陝公路天回路段西側,在老官山漢墓東北方向約 3 公里處——成都植物園東側,有一處山名爲新棺山的丘陵,不知"新棺山"和"老官山"之間是否有關聯,"老官山"是否是"老棺山"? 二是據不完全統計,"老官山"一名在全國其他地區也有使用,如雲南姚安

①荆州地區博物館:《江陵張家山三座漢墓出土大批竹簡》,《文物》1985 年第 1 期。

②山東省博物館、臨沂文物組:《山東臨沂西漢墓發現〈孫子兵法〉和〈孫臏兵法〉等竹簡的簡報》,《文物》1974 年第 2 期。羅福頤:《臨沂漢簡概述》,《文物》1974 年第 2 期。

③夏鼐:《關於考古學上文化的定名問題》,《考古》1959 年第 4 期。

老官山、遼寧鐵嶺老官山、河南禹州老官山等地。"同名不同地",考慮此因素,我們建議將老官山漢墓簡牘命名爲"成都老官山漢墓醫簡"。

附表 1:成都市天回鎮老官山漢墓出土簡牘使用名稱一覽表

學界現有命名		使用數量	具體篇名	作者	出處
1	老官山漢墓(出土)醫簡	18	《老官山漢墓醫簡選釋》	張雷、劉志梅	《中醫藥臨床雜志》2015 年第 3 期
			《老官山漢墓醫簡〈六十病方〉體例初考》	和中浚、趙懷舟、任玉蘭、周興蘭、王麗、謝濤	《中醫文獻雜志》2015 年第 3 期
			《老官山漢墓醫簡〈六十病方〉排序研究》	和中浚、趙懷舟、任玉蘭、周興蘭、王麗、謝濤	《中醫文獻雜志》2015 年第 4 期
			《老官山漢墓醫簡〈六十病方〉排序研究(續完)》	和中浚、趙懷舟、任玉蘭、周興蘭、王麗、謝濤	《中醫文獻雜志》2015 年第 5 期
			《老官山漢墓醫簡中的色診内容初探》	劉小梅、李繼明	《中醫藥文化》2016 年第 6 期
			《老官山漢墓醫簡的種類和定名問題探討》	李繼明、任玉蘭、王一童、謝濤、葉瑩	《中華醫史雜志》2016 年第 5 期
			《從成都老官山漢墓醫簡看早期經脉理論》	李雯、趙爭	《中國針灸》2016 年第 12 期
			《論老官山漢墓醫簡〈六十病方〉的"鼠"與"風偏清"》	和中浚、楊華森、趙懷舟、袁開惠	《中醫藥文化》2017 年第 6 期
			《老官山漢墓醫簡石法探析》	陳星、王一童、李繼明	《中醫藥文化》2017 年第 3 期
			《漢代醫生的書房——成都老官山漢墓醫簡探秘》	韓曉雯	《中國醫學人文》2017 年第 12 期
			《老官山漢墓醫簡中脉診理論學術思想初探》	劉小梅、李繼明	《中醫藥文化》2017 年第 1 期
			《老官山漢墓醫簡時間醫學思想初探》	陳星、馬程功、王一童、李繼明	《中醫藥文化》2018 年 1 期
			《老官山漢墓醫簡〈六十病方〉病名釋難》	袁開惠、和中浚、楊華森、趙懷舟	《中國古代中醫的重新發現》2018 年第 4 期
			《成都老官山漢墓出土醫簡〈六十病方〉方劑劑型考辨》	劉興隆、趙懷舟、周興蘭、和中浚	《中醫藥文化》2016 年第 1 期

續表

學界現有命名		使用數量	具體篇名	作者	出處
1	老官山漢墓(出土)醫簡	18	《成都老官山漢墓出土醫簡〈刺數〉内容與價值初探》	任玉蘭、梁繁榮、李繼明、陳芷涵、楊明曉、謝晉、何永剛、付奥傑	《中華醫史雜志》2016年第6期
			《成都老官山漢墓出土醫簡標識符號析義》	王一童、王麗、李繼明	《中醫藥文化》2016年第1期
			《成都老官山漢墓出土醫簡〈十二脉〉〈别脉〉内容與價值初探》	任玉蘭、梁繁榮、李繼明、陳芷涵、王一童、楊明曉、和中浚	《中華醫史雜志》2017年第1期
			《成都老官山漢墓出土醫簡〈諸病(一)〉的内容與價值初探》	葉瑩、張琦、任玉蘭、李繼明	《中華醫史雜志》2017年第3期
2	老官山醫簡	2	《老官山醫簡〈六十病方〉藥物學成就探析》	周祖亮	《中藥材》2016年第12期
			《老官山醫簡諸"瘕"、諸"癉"、諸"風"病名考釋研究》	王一童	成都中醫藥大學2016年碩士學位論文
3	老官山(出土)漢簡	2	《老官山出土漢簡脉書簡解讀》	黄龍祥	《中國針灸》2018年第1期
			《老官山漢簡〈經脉書〉初探》	李海峰、張如青	《中醫文獻雜志》2016年第6期
4	老官山竹簡	1	《老官山竹簡〈醫馬書〉淺識》	楊華森、王一童、趙懷舟、譚紅兵、李繼明	《中醫文獻雜志》2017年第1期
5	(四川)(成都)老官山(漢墓)(出土)×××	4	《老官山漢墓〈六十病方〉與馬王堆〈五十二病方〉比較研究》	和中浚、李繼明、趙懷舟、周興蘭、謝濤	《中醫藥文化》2015年第4期
			《成都老官山漢墓〈六十病方〉和〈武威漢代醫簡〉的比較研究》	趙懷舟、和中浚、李繼明、周興蘭、謝濤	《中醫藥文化》2015年第5期
			《四川成都老官山漢墓出土〈六十病方〉題名簡的初步研究》	趙懷舟、李繼明、和中浚、任玉蘭、王麗、周興蘭、謝濤、索德浩	《南方民族考古》第12輯,2016年第0期
			《馬王堆〈五十二病方〉與老官山〈六十病方〉"沸"字考辨》	張如青	《中醫藥文化》2019年第5期
6	天回醫簡	1	《天回醫簡的學術源流和核心思想》	柳長華、顧漫	"中國古代中醫的重新發現"國際學術交流會2018年6月7日

續表

學界現有命名		使用數量	具體篇名	作者	出處
7	天回漢墓醫簡	3	《四川成都天回漢墓醫簡整理簡報》	中國中醫科學院中國醫史文獻研究所、成都文物考古研究院、荆州文物保護中心	《文物》2017 年第 12 期
			《四川成都天回漢墓醫簡的命名與學術源流考》	柳長華、顧漫等	《文物》2017 年第 12 期
			《天回漢墓醫簡的整理研究方法——以簡 037 反印文處理為例》	周琦	"中國古代中醫的重新發現"際學術交流會 2018 年 6 月 7 日

On the Nomenclature of Slips of Medicine from Han Tomb at Laoguanshan(老官山),Chengdu(成都)

Liu Chunyu,Zhang Yuan

Abstract: The collection of medicine slips unearthed at the Han Dynasty tomb of Laoguanshan (老官山),Tianhuizhen(天回鎮), Chengdu(成都) has had seven names in the community of scholars since its discovery in 2013. After considering all the nomenclature conventions of the Han Dynasty slips, for example geography and history and archaeology, we consider that the nomenclature of the collection of medicine slips unearthed at the Han Dynasty tomb of Laoguanshan(老官山) should not forget the object of nomenclature, which is to be simple enough not to lead to misunderstanding. Therefore, the slips of medicine from Han tomb at Laoguanshan(老官山), Chengdu(成都), we believe, is a more suitable name.

Key Words: Laoguanshan(老官山); Slips of medicine; Nomenclature

（劉春語，成都中醫藥大學國學院　成都　610031）

（張媛，泰山學院歷史學院　泰安　271000）

海昏侯墓出土木楬札記

羅小華

摘　要:2015年7月,在海昏侯劉賀墓主椁室中出土一批木楬。《南昌市西漢海昏侯墓》公布了"第卅四"木楬的彩色照片,未附釋文。《江西南昌西漢海昏侯劉賀墓出土簡牘》公布了"第百一十"木楬的紅外圖片和一些辭例。結合傳世文獻和其他出土文獻,可以對相關内容進行考釋。

關鍵詞:海昏侯墓;木楬;考釋

2011年4月,江西省文物考古研究院發掘了西漢海昏侯墓。2015年7月,在劉賀墓主椁室中發現5200多枚簡牘、110枚木楬。《南昌市西漢海昏侯墓》公布了"第卅四"木楬(M1:92)的彩色照片[①]。《江西南昌西漢海昏侯劉賀墓出土簡牘》公布了"第百一十"木楬的紅外圖片和一些辭例[②]。現在,我們就其中的一些内容進行探討,以就教於方家。

一、《南昌市西漢海昏侯墓》公布名物

《南昌市西漢海昏侯墓》衹公布了該木楬的模糊彩照,並未作任何文字釋讀,我們嘗試就彩照作一些文字釋讀和名物考釋。

頂端三字爲"第卅四"。"第"字寫法亦見於《江西南昌西漢海昏侯劉賀墓出土簡牘》圖四。

---

①江西省文物考古研究院:《南昌市西漢海昏侯墓》,《考古》2016年第7期。按,M1:92號木楬,發掘者稱爲"木牘"。

②江西省文物考古研究院、北京大學出土文獻研究所、荆州文物保護中心:《江西南昌西漢海昏侯劉賀墓出土簡牘》,《文物》2018年第11期。按,該木楬整理者稱爲"簽牌"。

第一行最後三字當即《江西南昌西漢海昏侯劉賀墓出土簡牘》中所説的“銅刀一”，指銅質刀[①]。三國魏《左長衣物疏》和前凉《都中趙雙衣疏》中均記有“故銅刀一枚”[②]。寇克紅先生認爲是武器[③]；李建平先生認爲指書刀，用以削改寫錯的文字[④]。西晉《夏侯妙妙衣物疏》中有“故銅刀尺一具”[⑤]。

第三行有“玉鬘(簪)一”。“鬘(簪)”，寫作“”。山東省青島市黄島區土山屯村東北M147出土《堂邑令劉君衣物名》中記有“頓茅鬘(簪)二、竹鬘(簪)三、頓茅横鬘(簪)二”。“鬘(簪)”字寫作“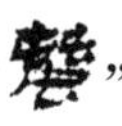”“”“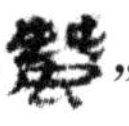”[⑥]，可資參照。“簪”是首飾。馬怡先生指出：“簪，首飾名。先秦稱作笄，漢代稱作簪。《儀禮・士冠禮》：‘皮弁笄，爵弁笄。’鄭玄注：‘笄，今之簪。’”[⑦]“玉簪”，亦見於傳世文獻。《韓非子・内儲説上》：“周主亡玉簪，商太宰論牛矢。”[⑧]《西京雜記》卷二：“武帝過李夫人，就取玉簪搔頭。自此後，宫人搔頭皆用玉，玉價倍貴焉。”[⑨]

第四行有“毒冒□一”。“毒冒”，寫作“”，亦見於《漢書・司馬相如傳上》：“其中則有神龜蛟鼉，毒冒鼈黿。”顔師古注引張揖曰：“毒冒似觜蠵，甲有文。”[⑩]“毒冒”，出土簡牘或作“頓牟”“頓茅”。西漢《西郭寶衣物疏》記有“頓牟簪一”。“頓牟”，寫作“

①江西省文物考古研究院、北京大學出土文獻研究所、荆州文物保護中心：《江西南昌西漢海昏侯劉賀墓出土簡牘》，《文物》2018年第11期。

②黎大祥：《武威發現三國墓》，《中國文物報》1991年9月22日第1版。寇克紅：《高臺駱駝城前凉墓葬出土衣物疏考釋》，簡帛網 http://www.bsm.org.cn/show_article.php? id=1110，2009年7月7日；《考古與文物》2011年第2期。

③寇克紅：《高臺駱駝城前凉墓葬出土衣物疏考釋》，《考古與文物》2011年第2期。

④李建平：《關於〈高臺駱駝城前凉墓葬出土衣物疏〉的幾個問題》，《考古與文物》2015年第4期。

⑤[日]白須净真撰，裴成國譯：《晉建興五年夏侯妙妙衣物疏初探——古陶文明博物館所藏新資料介紹》，朱玉麟主編《西域文史》第八輯，科學出版社，2013年，第97頁。

⑥彭峪、衛松濤：《青島土山屯墓群147號墓木牘》，復旦大學出土文獻與古文字研究中心網 http://www.gwz.fudan.edu.cn/Web/Show/4199，2017年12月27日。

⑦馬怡：《尹灣漢墓遣策札記》，李學勤、謝桂華主編《簡帛研究(2002—2003年)》，廣西教育出版社，2005年，第266頁。

⑧(清)王先慎撰，鍾哲點校：《韓非子集解》，中華書局，1998年，第215頁。

⑨(晉)葛洪：《西京雜記》，中華書局，1985年，第13頁。

⑩(漢)班固撰，(唐)顔師古注：《漢書》，中華書局，1962年，第2535、2538頁。

”,整理者釋爲“頓毕”①,馬怡先生釋爲“頓牟”②。尹灣六號西漢墓出土《君兄節司小物疏》“頓牟靈一”③,馬怡先生指出:“‘頓牟’,應即‘玳瑁’。……玳瑁也作‘瑇瑁’‘毒冒’,是一種海中動物,形似海龜,其背爲黄色與黑色斑紋相間的角質板,堅硬光滑,色澤温潤,古人常用以製作飾物,如髮簪。”④《堂邑令劉君衣物名》中有“頓茅”,陳劍先生指出:“茅下隔一行同。‘頓茅靈(簪)’即尹灣漢墓衣物疏(六號墓 YM6D13‘君兄節司小物疏’、二號墓衣物疏 YM2D1,兩見)之‘頓牟靈(簪)’,‘茅’‘牟’音近相通無問題。研究者或説爲‘瑇瑁’,應可信。”⑤

二、《江西南昌西漢海昏侯劉賀墓出土簡牘》公布名物

《江西南昌西漢海昏侯劉賀墓出土簡牘》中公布了“第百一十”木楬的紅外照片,以及一些與名物相關的辭例。

木楬:“第百一十。白丸書帛一匹。鋷五韋。絳繡笥盛。”

“丸”,讀爲“紈”。《急就篇》卷二“縹綟緑紈皁紫硟”顔師古注:“紈,即素之輕細者。”⑥“白丸”之“丸”指質料,不指顔色。秋風掃落葉(網名)指出:“白紈即白繒。白紈可用作服飾的主要材質,如西郭寶衣物疏、劉賜衣物疏都記有‘白丸(紈)大絝一’,也較多的用於領或袖的緣飾用材,如日照海曲漢墓衣物疏 M130-03B 壹 5‘單(襌)襦,白丸(紈)領、袖,二。’青島土山屯劉賜衣物疏 A 貳 4‘白練襌襦一領,白丸(紈)領、紬(袖)。’”⑦

“書帛”,我們曾誤釋爲“畫帛”⑧,林少平先生認爲:“畫帛如解釋爲彩畫,顯然與白字相矛盾。畫字可指紋理。《拾遺記·前漢上》:‘董偃常卧延清之室,以畫石爲床,文如錦也。’

①按,釋文參連雲港市博物館《連雲港市陶灣黄石崖西漢西郭寶墓》,《東南文化》編輯部編《東南文化》第三輯,江蘇古籍出版社,1988 年,第 20 頁、第 237 頁圖版二。圖版參武可榮《連雲港市歷年出土簡牘簡述》,《書法叢刊》1997 年第 4 期。

②馬怡:《西郭寶墓衣物疏所見漢代織物考》,卜憲群、楊振紅主編《簡帛研究 2004》,廣西師範大學出版社,2006 年,第 257 頁。

③連雲港市博物館等編:《尹灣漢墓》,中華書局,1997 年,第 132 頁。

④馬怡:《尹灣漢墓遣策札記》,李學勤、謝桂華主編《簡帛研究(2002—2003)》,第 265-266 頁。

⑤彭峪、衛松濤:《青島土山屯墓群 147 號墓木牘》。

⑥(漢)史游:《急就篇》,嶽麓書社,1989 年,第 119-120 頁。

⑦秋風掃落葉:《海昏侯墓所出“第百一十”楬所記内容補論》,簡帛網/簡帛論壇/簡帛研讀 http://www.bsm.org.cn/forum/forum.php? mod=viewthread&tid=4389&highlight=第百一十,2018 年 12 月 5 日。

⑧羅小華:《海昏侯墓出土遣策札記》,簡帛網 http://www.bsm.org.cn/show_article.php? id=326,2018 年 12 月 4 日。

畫帛即有紋理的帛。"[①]秋風掃落葉(網名)將"畫"改釋爲"書",並指出:"'書帛',有可能是用於書寫之帛,'白紈'爲其材質,'一匹'爲其數量。由此可以知道,馬王堆書寫的本身用材在當時的可能稱謂即'書帛'。"[②]

"絳繡",亦見於山東日照海曲漢墓出土遣策 M130-03 正:"絳繡被白緣。"劉紹剛、鄭同修兩位先生指出:"絳,《説文》糸部:'絳,大赤也。'繡,《説文》糸部:'繡,五采備也。'段注云:'《考工記》:畫繪之事集五采,五采備謂之繡。'又云:'今人以針縷所紩者謂之繡,與畫爲二事。'絳繡即爲在絳色的織物上繪彩畫。"[③]"笥",指裝衣服的竹篋。《漢書·貢禹傳》"故時齊三服官輸物不過十笥"顔師古注:"笥,盛衣竹器。"[④]秋風掃落葉(網名)認爲:"'絳繡'即絳色之繡。絳繡作爲織物使用,還可見於日照海曲漢墓衣物疏 M130-03B 壹 2'絳繡被,白緣'。海昏侯此楬'絳繡'之後未跟數詞和量詞,頗疑'絳繡笥'爲一詞,可能是指用絳繡將笥的各個面包裹,加以縫製或粘合而成的笥。'絳繡笥盛'即用絳繡笥盛放'書帛'與'鍼'。武威磨嘴子漢墓即出土有類似的笥。羅泊灣《從器志》所記隨葬物中,用於盛放其他器物的笥,多用繒飾緣,如 A 壹 2'衣袍五十領,二笥₌(笥,笥)皆繒緣'。由此可見,用織物裝飾笥是比較講究的做法。"[⑤]將"絳繡笥"理解爲絳繡裝飾的笥,是比較可信的。"第百一十"號木楬,應該就是繫於該笥,以指示所盛放的物品。

"紫丸上衣五",《説文》糸部:"紫,帛青赤色。"衣部:"衣,依也。上曰衣,下曰裳。"[⑥]

"絹丸上衣四",《説文》糸部:"絹,繒如麥稍。"[⑦]《説文解字注》糸部:"絹,繒如麥稍色。"[⑧]如果"絹"字不誤,在此應指顔色,指"麥稍色"。

"黄丸合袍一領",《説文》黄部:"黄,地之色也。"[⑨]"合",當讀爲"袷"。《漢書·匈奴傳上》"服繡袷綺衣、長襦、錦袍各一",顔師古注:"袷者,衣無絮也。繡袷綺衣,以繡爲表,綺爲裏也。"[⑩]"袍",指長衣。《急就篇》卷二"袍襦表裏曲領帬"顔師古注:"長衣曰袍,下至足跗。"[⑪]

---

①林少平:《説海昏遣策》,簡帛網/簡帛論壇/簡帛研讀 http://www.bsm.org.cn/forum/forum.php? mod=viewthread&tid=4388&highlight=海昏遣策,2018 年 12 月 5 日。

②秋風掃落葉:《海昏侯墓所出"第百一十"楬所記内容補論》。

③劉紹剛、鄭同修:《日照海曲漢墓出土遣策概述》,中國文化遺産研究院編《出土文獻研究》第十二輯,中西書局,2013 年,第 207-208 頁。

④(漢)班固撰,(唐)顔師古注:《漢書》,第 3070-3071 頁。

⑤秋風掃落葉:《海昏侯墓所出"第百一十"楬所記内容補論》。

⑥(漢)許慎撰,(五代)徐鉉校定:《説文解字》,中華書局,1963 年,第 274、170 頁。

⑦同上,第 273 頁。

⑧(漢)許慎撰,(清)段玉裁注:《説文解字注》,上海古籍出版社,1988 年,第 649 頁。

⑨(漢)許慎撰,(五代)徐鉉校定:《説文解字》,第 291 頁。

⑩(漢)班固撰,(唐)顔師古注:《漢書》,第 3758 頁。

⑪(漢)史游:《急就篇》,第 142 頁。

“二幅細地宜子孫被”,二幅,疑指布帛的寬度。《漢書·食貨志下》:“布帛廣二尺二寸爲幅,長四丈爲匹。”[①]蔡邕《女戒》:“帛必薄細,采必輕淺。”[②]《三國志·魏書·東夷傳》:“今以絳地交龍錦五匹、絳地縐粟罽十張、蒨絳五十匹、紺青五十匹,答汝所獻貢直。”[③]“細地”,指細緻的底子。“宜子孫”,吉語,此處應指被子上繡有“宜子孫”的字樣。1995 年 10 月,新疆民豐縣尼雅遺址(漢代精絶國遺址)的一座夫婦合葬墓(95MNIM8,相當於東漢末到魏晉時期)中,女墓主的錦枕有“變形如意紋樣中間織出‘千秋萬歲宜子孫’文字”,男墓主“衣襟、衣下擺用絳地‘安樂繡’‘宜子孫’錦縫製”[④],可資參照。

“筒布複絝一兩”,“筒布”,傳世文獻中有“筒中細布”。《晉書·王戎傳》:“南郡太守劉肇賂戎筒中細布五十端,爲司隸所糾,以知而未納,故得不坐,然議者尤之。”[⑤]《世説新語·雅量》:“王戎爲侍中,南郡太守劉肇遺筒中箋布五端,戎雖不受,厚報其書。”[⑥]《文選》左思《蜀都賦》:“黄潤比筒,籯金所過。”劉逵注:“黄潤,謂筒中細布也。司馬相如《凡將篇》曰:‘黄潤纖美宜制禪。’揚雄《蜀都賦》曰:‘筒中黄閏,一端數金。’”[⑦]“複”,見於《急就篇》“襜褕袷複褶袴褌”,顔師古注:“衣裳施裏曰袷,褚之以綿曰複。”[⑧]“絝”,即“袴”,《漢書·司馬相如傳上》“絝白虎”,顔師古注:“絝,古袴字也。”[⑨]《急就篇》卷二“襜褕袷複褶袴褌”,顔師古注:“袴,謂脛衣也,大者謂之倒頓,小者謂之校衧。”[⑩]“兩”,《詩·齊風·南山》“葛屨五兩,冠緌雙止”,孔穎達疏:“屨必兩隻相配,故以一兩爲一物。”[⑪]

“細練中禪一”,“練”,《説文》糸部:“練,湅繒也。”[⑫]《急就篇》卷二“綈絡縑練素帛蟬”,顔師古注:“練者,煮縑而熟之也。”[⑬]“禪”,整理者誤釋爲“禪”。“中禪”,亦見於傳世文獻。《漢書·江充傳》:“充衣紗縠禪衣,曲裾後垂交輸,冠禪纚步摇冠,飛翮之纓。”顔師古注:“禪衣,制若今之朝服中禪也。”[⑭]

①(漢)班固撰,(唐)顔師古注:《漢書》,第 1149 頁。

②嚴可均校輯:《全上古三代秦漢三國六朝文》,中華書局,1958 年,第 878 頁。

③(晉)陳壽撰,(南朝)裴松之注:《三國志》,中華書局,1959 年,第 857 頁。

④新疆文物考古研究所:《新疆民豐縣尼雅遺址 95 MNI 號墓地 M8 發掘簡報》,《文物》2000 年第 1 期。

⑤(唐)房玄齡等撰:《晉書》,中華書局,1974 年,第 1232-1233 頁。

⑥(南朝)劉義慶著,(南朝)劉孝標注,余嘉錫箋疏,周祖謨、余淑宜、周士琦整理:《世説新語箋疏》,中華書局,1983 年,第 415 頁。

⑦(南朝)蕭統編,(唐)李善、吕延濟、劉良等注:《六臣注文選》,中華書局,1987 年,第 96 頁。

⑧(漢)史游:《急就篇》,第 143-144 頁。

⑨(漢)班固,(唐)顔師古注:《漢書》,第 2563、2565 頁。

⑩(漢)史游:《急就篇》,第 143-144 頁。

⑪(清)阮元校刻:《十三經注疏》,中華書局,1980 年,第 352 頁。

⑫(漢)許慎撰,(五代)徐鉉校定:《説文解字》,第 273 頁。

⑬(漢)史游撰:《急就篇》,第 122-123 頁。

⑭(漢)班固撰,(唐)顔師古注:《漢書》,第 2176 頁。

"長安木小盤卅七","長安",不知是否指的是"長安"城,還是吉語。"木小盤",指木質小型盤。

關於海昏侯墓出土木楬的内容,雖然目前所見到的衹是隻言片語,但是,"玉靈(簪)""毒冒""絳繡""宜子孫""地""筒布"等語詞,或見於出土文獻,或見於傳世文獻,或見於出土實物,爲西漢時期的名物研究提供了重要資料。

Notes on Wooden Jie(楬) from Haihun(海昏) Marquis Tomb

Luo Xiaohua

Abstract: Some wooden jie(楬) were excavated from Haihunhou Mu (海昏侯墓) in July 2015. The color photographs of No. 34 wooden tablet were published on *Nanchangshi Xihan Haihunhou Mu*(南昌市西漢海昏侯墓) without any annotations. The color photographs of No. 110 wooden tablet were published on *Jiangxi Nanchang Xihan Haihunhou Liu He Mu Chutu Jiandu*(江西南昌西漢海昏侯劉賀墓出土簡牘), with some words. According to handed-down documents and excavated documents, these published records can be explained.

Key Words: Haihun(海昏); Marquis tomb; Wooden jie(楬); Explain

(羅小華,長沙市文物考古研究所　長沙　410005)

“⿱每凵氏厶官”鼎小考

王　磊

摘　要:《殷周金文集成》01995 著録一件戰國青銅鼎,在口沿處刻有四字銘文,舊釋爲“安氏厶(私)官”。本文分析首字字形,認爲應隸定爲“⿱每凵”,是“魏”的異體。該器當是爲魏國公族女性所鑄造。

關鍵詞:安氏厶(私)官;⿱每凵(魏);金文

《殷周金文集成》01995 著録一件戰國青銅鼎,現藏於上海博物館,鼎口沿處刻有四字銘文“△氏厶官”。其中△字寫作:

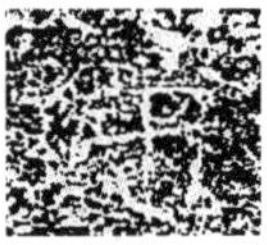(拓本)　(經處理字形)

此字舊釋爲“安”。三晉文字中,“安”字作如下之形:

信安君鼎《集成》2773.2

坪安君鼎《集成》2793.1

哀成叔鼎《集成》2782

《璽彙》4348

從上舉字形來看，“安”表示人股、脛間墊物的一筆①，並不寫爲U形。細審拓片，其上部的部件也與“宀”不同，因此釋“安”是不可信的。

我們認爲，此字應隸定爲“毎”，是“魏”的異體。在戰國時期的出土材料中，“毎”字多見：

～㕣　毎㕣鼎《集成》01345

～下官　毎下官壺《集成》09515

～樂官　《菁華》29

～妥　《璽彙》3044

《璽彙》5376

《貨系》1415

《貨系》1240

吴榮曾先生認爲此字“從每從山”，一般用作地名或姓氏名，結合字形與用法考慮，應該釋讀爲“魏”②。裘錫圭先生、周波先生也對相關字形做過細緻的分析③，已是比較確定的結論。

“毎氏”指器主爲以魏爲氏者。在戰國金文材料中，有兩件“韓氏私官”銘的器物，爲戰國時期的韓國器：

(1)倝(韓)氏厶(私)官，倝(韓)媸。(韓氏私官鼎《新收》1487)

(2)倝(韓)氏厶(私)官，見，。(韓氏私官壺《集成》9583.1A)

兩器在辭例上與我們所討論的“毎氏厶官”鼎很相近。在韓氏私官鼎中，又清楚地指明

①“安”，甲骨文作(黄組《合集》37568)、(花東子卜辭《花東》285)等形，陳劍先生《説“安”字》引裘錫圭先生説，認爲“跪坐人形股、脛之間加上的一筆，也未嘗不可以理解爲表示某種墊物”。見陳劍《説“安”字》，《甲骨金文考釋論集》，綫裝書局，2007年，第117頁。

②吴榮曾：《戰國布幣地名考釋三則》，《中國錢幣》1992年第2期，第5、55頁。

③裘錫圭：《復公仲簋蓋銘補釋》，《出土文獻與古文字研究》第三輯，復旦大學出版社，2010年，第100-104頁。周波：《中山器銘文補釋》，《出土文獻與古文字研究》第三輯，復旦大學出版社，2010年，199-207頁。

了器主的名字爲"韓嫞",其名爲從"女"旁的"嫞",則很可能是一名女性。

對於"厶(私)官"一職,朱德熙、裘錫圭先生認爲:

"厶官",讀爲"私官"。《漢書·張湯傳》附《張放傳》:"放取皇后弟平恩侯許嘉女,上爲放供張,賜甲第,充以乘輿服飾。號爲天子取婦,皇后嫁女。大官、私官並供其第。"服虔注:"私官,皇后之官也。"今按,大官即少府所屬"掌御飲食"的太官,私官應是皇后食官。衛宏《漢舊儀》中亦有與太官對稱的私官:"太官尚食用黄金釦器,中官私官尚食用白銀釦器,如祠廟器。"同書記宗廟三年大祫祭之禮,説高祖坐前設"黄金釦器",高后坐前設"白銀釦器",與上條所記對照,尤可證明私官是皇后食官。……總之,漢代所謂私官可以是皇后的食官,也可以是太后或公主的食官。戰國時代私官的性質不會和漢代有多大出入。①

魏爲戰國時期的諸侯國,姬姓,魏氏。既然"私官"一職爲貴族女性所設置,又有"韓氏私官"的辭例作爲對照,我們判斷"䰟氏厶官"鼎當是爲魏國一名貴族女性所鑄造的,"私官"爲其食官。

綜前所述,《殷周金文集成》01995 著録的一件戰國青銅鼎,過去將其上的銘文四字釋爲"安氏厶(私)官",本文將首字改釋爲"䰟(魏)"。通過與相關金文材料相參證,該器當是爲魏國公族女性所鑄造,屬戰國時期的魏器。

附"䰟氏厶官"鼎銘文拓片②:

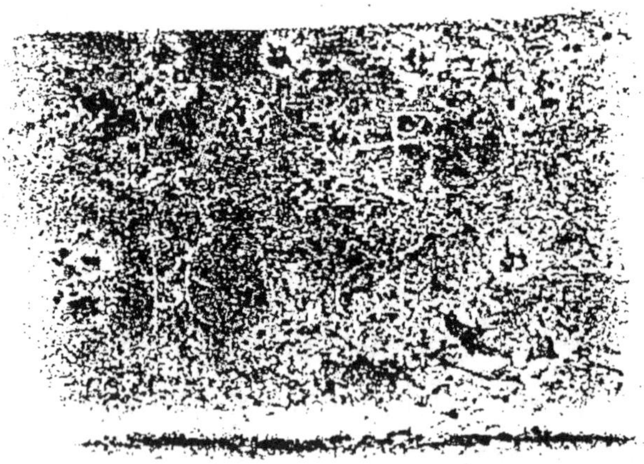

①朱德熙、裘錫圭:《戰國銅器銘文中的食官》,《文物》1973 年第 12 期,第 59-61、13 頁。

②拓片出自《殷周金文集成》(修訂增補本)第二册,中華書局,2007 年,第 1081 頁。

“⿱毋山 氏厶官”鼎摹本：

Weishi Siguan(⿱毋山 氏厶官)Textual Research

Wang Lei

Abstract: A bronze tripod of the Warring States was recorded in NO. 1995 of *Yinzhou Jinwen Jicheng*(殷周金文集成). There is a four-character inscription inscribed along the mouth of the tripod, which was formerly interpreted as Anshi siguan(安氏厶官). The author analyses the form of the first character and holds that it is a variant of wei(魏). The vessel should be cast for the women of the Duke of Wei.

Key Words: Anshi siguan(安氏厶官); Wei(⿱毋山); Inscriptions on bronze

附記：

拙文蒙徐在國師、劉剛先生、管樹强先生及審稿專家審閱並提出寶貴的修改意見，謹致感謝！

（王磊，安徽大學出土文獻與中國古代文明研究協同創新中心暨漢字發展與應用研究中心　合肥　230039）

出土春秋文獻中一詞對應多字現象的初步考察(名詞篇)*

吴國昇

摘　要:據初步梳理,目前所見出土春秋文獻中{祖}{考}等36個一音義的名詞分別存在多字對應記寫的現象。這36個名詞與相關漢字共構成95組對應關係,其中40%的對應關係繼承自西周時期,60%爲春秋時期新見;24個名詞出現新造專字記寫,26個漢字成爲相應名詞的主流記寫字種流傳,9個名詞在傳世典籍中换用其他通假字記寫,7個名詞在傳世典籍中换用新的異構字形記寫。本文考察分析可見:一、作爲兩個對應的系統,漢字與詞語之間的關係往往是動態的、不斷調整變化的;二、一詞所對應的多字,各字使用地位不平等,有主有次;三、國族氏名分化專用字反映出春秋時期的時代性特點;四、南方諸侯國的一些用字現象反映出一定的地域性特點。

關鍵詞:春秋時期;漢字;字詞關係;名詞

漢字是記録漢語的符號系統,使用狀態中的漢字,與漢語詞之間往往存在着複雜的對應關係。這種複雜性,既表現爲一個漢字記寫多個漢語詞,也表現爲一個音義的漢語詞用多個漢字對應記寫。揭示和分析字與詞對應的種種複雜現象,是漢字史和漢語史研究的重要任務之一。本文擬以出土春秋文字資料爲對象,考察其中一個音義的名詞對應多個漢字記寫的情況。

爲便於表述,首先明確文中的幾個相關概念:本文所謂字與詞對應關係中的"字",指的是字種;詞,指的是讀音與概念統一的語言綜合整體,文中用{ }標示;本用,指本字記寫本詞的現象;兼用,指兼記派生詞的現象;它用,指"本無其字"的假借和"本有其字"的通假兩種現象①;異構字,指爲語言中同一詞所造的、記録功能完全相同但構形方式不同或構成部件不

* 本文爲國家社科基金重點項目"出土春秋文獻語料庫建設及語詞匯編"(18AYY016)階段性研究成果。

①參見李運富《漢字學新論》,北京師範大學出版社,2012年,第193-210頁;陳斯鵬《楚系簡帛中字形與音義關係研究》,中國社會科學出版社,2011年,第30-34頁。

同的一組字形,異構字屬於同一字種;文中字形后面的數字,表示出現頻次。

需要説明的是,本文從詞和字種兩方面着眼,匯集和考察春秋文字材料名詞中詞和字種關係比較明確、一個詞對應兩個或以上字種的用例。如果所涉字種有異構字形,一並列出;如果材料範圍内一詞衹見對應一個字種,即使該字種包含多個異構字形,本文暫不列爲考察對象,擬另文討論。

1.{祖 zǔ}:祖先

<table>
<tr><th>詞</th><th>字種</th><th>字形</th><th>用　例</th></tr>
<tr><td rowspan="9">祖</td><td rowspan="2">且</td><td>且 52</td><td>我先且(祖)受天命。(秦公鎛 00267)
用追孝于厥皇且(祖)。(都公平侯鼎 02772)</td></tr>
<tr><td>⿱且口 1</td><td>用孝以享于予皇⿱且口(祖)。(曾侯與鐘 jk2014.4)</td></tr>
<tr><td rowspan="3">祖</td><td>祖 14</td><td>用享用孝于皇祖聖叔、皇妣聖姜。(齊侯鎛 00271)
以祭我皇祖。(欒書缶 10008)</td></tr>
<tr><td>⿱且示 4</td><td>作朕皇⿱且示(祖)龏公、皇考惠公彝。(邾公䤈父鎛 t15818)</td></tr>
<tr><td>⿰示⿱且又 2</td><td>用享于皇⿰示⿱且又(祖)文考。(司馬楙鎛 e50)</td></tr>
<tr><td rowspan="2">俎</td><td>俎 3</td><td>參拜空首于皇考烈俎(祖)。(與兵壺 e878)</td></tr>
<tr><td>⿱且丌 5</td><td>用享于其皇⿱且丌(祖)皇妣皇母皇考。(叔夷鎛 00285)</td></tr>
<tr><td colspan="2">⿰虘又 1</td><td>仲平善發⿰虘又(祖)考,鑄其游鐘。(莒叔之仲子平鐘 00180)</td></tr>
<tr><td colspan="2">⿰且又 1</td><td>用追孝于皇⿰且又(祖)皇考。(蛒公簠 04600)</td></tr>
</table>

且,甲骨文作,或曰男根之形,或曰神主之形,爲"祖"字初文。殷商甲骨金文及西周金文皆用以記寫{祖},屬本用;春秋時期仍爲記寫{祖}的主流寫法。後世"且"字轉以記寫虚詞。

⿱且口,當爲"且"異構,"口"旁爲裝飾性符號。春秋戰國時期,"口"旁作裝飾性符號常見。

祖,始見於春秋中期,乃"且"加示旁分化的專用字,後世沿用成爲記寫{祖}的主流寫法。⿱且示、⿰示⿱且又,"祖"字異構。

俎,爲載肉以割的禮器,字始見於西周金文,三年瘐壺(09726)"錫羔俎……錫彘俎",作,側視之俎形。《説文》:"禮俎也。从半肉在且上。"析形不確。記寫{祖},屬通假。⿱且丌,或疑"俎"之異構[①],從丌,且聲;所從"丌",也可能爲俎形支架正視之形。記寫{祖},屬通假。

⿰虘又,殷商甲骨文中已有,用爲人名或地名[②]。《説文》大徐本"又卑也。從又,虘聲。"小徐本:"又取也。"春秋時期常用以記寫連詞{且 qiě},如子犯鐘(x1008)"用爲龢鐘九堵,孔淑⿰虘又(且)碩,乃龢⿰虘又(且)鳴";王孫誥鐘(x418)"自作龢鐘,中翰⿰虘又(且)揚,元鳴孔諻"。⿰虘又記寫{祖},屬通假,西周已有用例,如生史簋(04101)有"用事厥⿰虘又(祖)日丁"。

①黄德寬主編:《古文字譜系疏證》,商務印書館,2007 年,第 1602 頁。
②同上,第 1598 頁。

叡，《説文》所無，或以爲“抯”字異構[①]。鄧小仲鼎(02528)：“鄧小仲鴝得，弗敢叡(沮)，用作厥文且(祖)寶䵼尊齍”。“叡”“且”同見，記詞不同。史牆盤(10175)：“牆弗敢叡(沮)，對揚天子丕顯休命，用作寶尊彝”。“叡”記寫{祖}，屬通假，西周金文已有用例，如西周中期吕伯簋(03979)“其萬年祀厥叡(祖)考”。

綜觀春秋文字資料，春秋時期記寫{祖}，先後有“且”“祖”兩個主流用字。異器同銘不重複計入的話，早中晚期分别用“且”字 12、8、4 次，用“祖”字 0、2、5 次，此消彼長，中晚期開始“祖”字逐漸取代“且”字，變化綫索比較明晰。

2.{考 kǎo}：去世父親

詞	字種	用　例
考	考 29	參拜空首于皇考烈祖。(輿兵壺 e878) 用享以孝于我皇祖文考。(王子午鼎 x445)
考	孝 1	作其皇孝(考)皇母旅盨簋。(魯伯悆盨 04458)
考	丂 6	用享孝于厥皇祖于厥皇丂(考)。(上鄀公敄人簋蓋 04183) 皇妣有成惠姜、皇丂(考)躋仲。(齊侯鎛 00271)
考	攷 1	用享于皇天，及我文攷(考)。(郐王義楚觶 06513)

考，甲骨文作，與“老”同形。西周金文中將杖形符號音化爲“丂”。《説文》：“老也。从老省，丂聲。”“老”“考”一字分化。

《爾雅·釋親》：“父爲考。”《禮記·曲禮》：“生曰父，死曰考。”常見用法是對去世父親的稱呼。

孝，與“考”古音相近，“考”溪紐幽部，“孝”曉紐幽部。“考”用以記寫{考}，屬通假，如西周鬲簋(05295)“用作朕文孝(考)敀父寶簋”；又如曶鼎(02838)“命汝更乃祖考司卜事……曶用兹金作朕文孝(考)宄伯䵼牛鼎”，此銘文中“孝”字既用作{孝}，同時又用作{考}。春秋金文也有類似用例，如魯伯悆盨(04458)“悆夙興用追孝……皇孝(考)皇母”。

丂，構形不明。“丂”爲“考”字聲旁，用以記寫{考}，屬通假。西周已有用例，如仲枏父鬲(00747)“用敢饗考(孝)于皇祖丂(考)”。

攷，當“考”字異構，古文字從攴、從又義近可通。《説文》：“攷，敂也。从攴，丂聲。”記寫{考}，屬通假。

① 黄德寬主編：《古文字譜系疏證》，第 1594 頁。

3.{耇 gǒu}：長壽

詞	字種	用　例
耇	耈 4	用賜眉壽黃耈。(曾伯文簋 04051) 遐不黃耈。(曾伯霥簠 04631)
	枸 3	難老黃枸(耇)。(曾侯與鐘 jk2014.4)

表年老義之{耇}，西周早期金文已見，如耳尊(06007)“侯萬年壽考黃耇”，字作，從老，句聲。中期後變爲從老省，如史牆盤(10175)中作。《説文》：“耇，老人面凍梨若垢。从老省，句聲。”兩周金文“黃耈”一詞常見，意爲長壽，多用本字“耈”。

枸，《説文》：“木也。可爲醬。出蜀。从木，句聲。”記録{耈}，屬同音通假。傳世典籍用“耇”字。

4.{夫 fū(人)}：諸侯之妻

詞	字種	用　例
夫(人)	夫 19	衛文君夫人叔姜作其行鬲。(衛夫人鬲 00595) 樊夫人龍嬴自作行盤。(樊夫人龍嬴盤 10082)
	甫 13	曾甫(夫)人作仲姬辛姬盥匜。(曾甫人匜 t14964) 黃子作黃甫(夫)人行器。(黃子鬲 00687)
	父 2	黃子作黃父(夫)人行器。(黃子壺 09664)

兩周金文中習見{夫人}一詞，指諸侯之妻。《禮記・曲禮下》：“天子之妃曰后，諸侯曰夫人。”春秋時期{夫人}之{夫}，衛、鄭、宋、樊、楚、鄧等國銘文用“夫”字記寫，黃、曾、㠱等小國用“甫”字，黃國還用“父”字通假記寫。如1983年河南光山縣寶相寺上官崗磚瓦廠春秋墓葬出土黃子器中10器作“甫人”，2器作“父人”。

西周蘇甫人盤(10080)：“蘇甫(夫)人作姪改襄媵盤。”張世超指出，古“夫”通指男子，“甫人”用“甫”，乃有意别之，春秋戰國間亦有“夫人”，當後於“甫人”之用，然終代“甫人”而廣行，以其字簡①。“甫人”寫法春秋後消失，戰國及後世沿用“夫人”爲主流寫法。

5.{姓 xìng}：家族標志

詞	字種	字形	用　例
姓	生	生 4	龢會百生(姓)。(沇兒鎛 00203) 余以咨同生(姓)九禮。(九里墩鼓座 00429)
	姓	性 1	保吾子性(姓)。(齊侯鎛 00271)

表家族標志之{姓}，西周金文用“生”字記寫，有11例，如宜侯夨簋(04320)“錫在宜王人十又七生”。《説文》：“姓，人所生也。古之神聖母感天而生子，故稱天子。从女从生，生亦

①張世超：《金文形義通解》，日本中文出版社，1996年，第788頁。

聲。《春秋傳》曰：天子因生以賜姓。”可見{姓}由{生}派生分化，以“生”記寫{姓}屬於本字記寫引申詞。

春秋時期，在“生”字上增添“人”旁分化出“性”字，當爲“族姓”之{姓}所造之分化專字。春秋另有“姓”字，所記寫的是“甥舅”之{甥}。《説文》：“謂我舅者，吾謂之甥也。”“姓”字轉移記“族姓”之{姓}，“性”字形未流傳。

6.{甥 shēng}：姊妹的子女

詞	字種	用　例
甥	生 5	眞妟生(甥)之孫。(哀鼎 t02311) 唯鄧粢生(甥)吉酬鄧公金。(鄧公匜 10228)
	姓 2	余吴王之姓(甥)。(羅兒匜 x1266) 而作繇夫𠙶之貴姓(甥)。(之乘辰鐘 x1409)

{甥}，《説文》：“謂我舅者，吾謂之甥也。”西周金文用“生”字記寫。春秋時期除承襲用“生”字記寫外，又見用“姓”字。“姓”當由“生” 字分化[①]。“甥”字始見於《説文》。

7.{君 jūn}：貴族、統治者，有品行的人

詞	字種	用　例
君	君 62	宋君夫人自作饋鼎。(宋君夫人鼎 e304) 以樂君子。(敬事天王鐘 00074)
	尹 2	唯番昶伯者尹(君)作寶鼎。(番昶伯者君鼎 02617) 鄎大尹(君)羸作之。(邲夫人嫿鼎 t02425)
	均 4	均(君)子大夫，建我邦國。(蔡侯鎛 00221)

君，本從尹加“口”旁分化，尹亦聲。甲骨文“尹”“君”用法每無别。春秋時期“君”“尹”分化行用已久，用“尹”記寫{君}，當視爲通假。君，見紐文部；尹，喻紐文部。古音相近。

周法高指出，“均子大夫”猶《詩·鄘風·載馳》《詩·大雅·雲漢》言“大夫君子”，“均”讀爲“君”[②]。“均”通假記寫{君}。

8.{腹 fù}：軀幹胸以下的部位

詞	字種	用　例
腹	腹 121	敢不閛其腹心。(侯馬盟書 156:1.1) 敢不半其腹心。(侯馬盟書 200:18.2)
	復 11	侯敢不閛其復(腹)心。(侯馬盟書 200:54.1) 敢不半其復(腹)心。(侯馬盟書 92:9.1)

①此“姓”與後世姓氏之“姓”，是同形關係還是假借關係，尚有待探討。

②周法高：《金文詁林補》，臺灣“中研院史語所”專刊，1982 年，第 3341 頁。

人腹部之{腹}一詞,始見於殷商,甲骨文用(《合集》5373 賓)、(《合集》31759 無)形記寫,從身(或人)复聲,隸定作"𠣛"。《合集》5373"王𠣛(腹)不安",李孝定認爲係"腹"之初文①。西周金文亦有用例,史牆盤(10175)有"惟乙祖逨匹厥辟,遠猷𠣛(腹)心"。春秋晚期侯馬盟書始見"腹"字,且"腹心"一詞多見,"腹"字爲記寫{腹}的主流寫法②,又或用"往復"之"復"通假記寫。

9.{鼎 dǐng}:古代烹煮用器物名

詞	字種	字形	用　例
鼎	鼎	鼎 71	秦公作寶用鼎。(秦公鼎 t02375) 擇厥吉金作鑄飤鼎。(夫跃申鼎 x1250)
		鑐 4	鄬子昃之飤鑐(鼎)。(鄬子昃鼎 x533)
		𪔂 1	彭子射之湯𪔂。(彭子射湯鼎 t01667)
	貞	鼑 59	公賜鼑(鼎)。(公賜玉鼎 t19701) 爲改善會鼑(鼎)。(哀鼎 t02311)
		貞 7	曾公子棄疾之行貞(鼎)。(曾公子棄疾鼎 jk2012.3) 曾侯邚之飤貞(鼎)。(曾侯邚鼎 e257)

鼎,甲骨文作、,西周金文作。春秋金文作,象鼎形,爲表{鼎}一詞而造。"鼑"字殷商時期即已出現,乃"鼎"上加部件"卜",爲"貞卜"之"貞"初文,從卜鼎聲。鼎、貞,皆端紐耕部。殷商甲骨文有時以"鼎"記寫{貞},如《合集》14002:"甲申卜,㱿鼎(貞):婦好娩,嘉?"《説文》:"鼎,籀文以鼎爲貞字。"徐鍇繫傳:"古文以貞爲鼎,籀文以鼎爲貞字。"春秋各諸侯國銘文以"鼎"字爲記寫{鼎}的主流寫法,東方及南方諸國又常以"鼑"記寫{鼎}。西周時期以"鼑"記寫{鼎}已不少見,戰國時期亦如此。

鑐,從金從皿,"鼑"省聲,爲"鼎"字異構。𪔂,爲"鼎"字累加義符"皿"的異構。

從用字頻次看,記寫器名{鼎},西周主要用"鼎"字,衹有少數幾例用"鼑"字,春秋時期"鼎""鼑"兩字頻次差不多。目前所見,"鼑"字在南方曾國文字中省訛成"",隸定爲"貞"。

陳斯鵬指出,戰國楚系文字中以"貞"表{鼎}的現象表現得尤爲突出,在所見楚簡中,{鼎}一般均作"貞",而從不作"鼎"③。

①李孝定:《甲骨文字集釋第四》,臺灣"中研院史語所"專刊之五十,1970 年,第 1509 頁。

②侯馬盟書"腹"字所從偏旁"復"有部件和筆劃增減的多種異構,限於篇幅,不一一列出。

③陳斯鵬:《楚系簡帛中字形與音義關係研究》,中國社會科學出版社,2011 年,第 79 頁。

10.{甗 yǎn}:古代蒸煮用炊器名

詞	字種	字形	用　例
甗	鬳	鬳 3	仲姜作爲桓公尊鬳(甗)。(仲姜甗 t03339) 曾公子棄疾之籑鬳(甗)。(曾公子棄疾甗 jk2012.3)
	獻	獻 5	虢姜作旅獻(甗)。(虢姜甗 t03301) 自作飤獻(甗)。(王孫壽甗 00946)
		𤠔 3	鄭氏伯高父作旅𤠔(甗)。(伯高父甗 00938) 陳公子叔原父作旅𤠔(甗)。(陳公子甗 00947)

古炊器名{甗},甲骨文作(《合集》4828 賓),象形,上甑下鬲形,爲“鬳”初文。又或疊加“虍”聲,爲“鬳”字,如:(《合集》26954 何)。《説文》:“鬳,鬲屬。从鬲,虍聲。”

獻,兩周有“獻”“𤠔”兩種異構。《説文》:“宗廟犬名羹獻。犬肥者以獻之。从犬,鬳聲。”《廣雅·釋詁二》:“獻,進也。”以“獻”記寫{甗},屬通假。西周時期已有用例,比甗(00913)“比作寶𤠔(甗)”,仲伐父甗(00931)“仲伐父作姬尚母旅獻(甗)”。

{甗}後世用“甗”字記寫。《説文》:“甗,甑也。一曰穿也。从瓦鬳聲,讀若言。”“甗”字未見於出土兩周文字材料,蓋秦漢時所造,係“鬳”上增添義符“瓦”旁。“鬳”與“甗”爲古今異構字,“甗”行而“鬳”廢。

11.{鑑 jiàn}:古盛水器名

詞	字種	字形	用　例
鑑	監	監 3	昶伯墉自作寶監(鑑)。(昶伯墉盤 10130) 自作御監(鑑)。(吴王夫差鑑 10296)
	鑑	鑑 2	智君子之弄鑑。(智君子鑑 10289) 叔姬寺吁宗彝薦鑑。(吴王光鑑 10298)
		濫 1	邛伯之孫君季自作濫(監)盂。(邛伯之孫盂 zx2012.08.28)

照視人影之器{鑑},初以“監”字記寫,甲骨文作形,會以皿中盛水爲鏡照視人影形。《書·酒誥》:“古人曰:人無于水監,當于民監。”引申有自上視下義。《説文》:“監,臨下也。”又引申有監視義,甲骨文、西周金文多用此義。

監是用器皿盛上水照看人影,又把照看人影的器物稱爲“監”。鑑、濫,始見於出土春秋文字材料中。《説文》:“鑑,大盆也。从金,監聲。”唐蘭認爲,{監}引申指所監之器名,金製則爲鑑,盛水則爲濫[1]。“鑑”“濫”當爲“監”加旁分化之異構字。後世“監”專以記寫動詞{監},“鑑”記寫器名{鑑},“濫”字淘汰。此“濫”與《説文》釋爲“氾也”之{濫làn}當爲同形字。

後世又以“鏡”替代“鑑”。《廣雅·釋器》:“鑑,謂之鏡。”

12.{盤 pán}:古盛水器名

詞	字種	用　例
盤	般 50	虢季作寶般(盤)。(虢季盤 x40) 作鑄旅般(盤)匜。(曾姑盤 t14461)
	盤 30	樊夫人龍嬴自作行盤。(樊夫人龍嬴盤 10082) 用盤飲酒,龢會百姓。(沇兒鎛 00203) 自作行盤。(攻吴大叔盤 x1264)

器皿{盤},甲骨文以形記寫,從凡,從攴。“凡”象高圈足盤形。西周金文“凡”形漸訛同“舟”形,隸定即“般”字。西周時期“般”字即已增加“皿”旁分化出“盤”字,“般”“盤”皆用以記寫{盤}。春秋時期承襲用此兩字,據統計,異器同銘重複不計的話,“般”字早、中、晚分别出現 29、8、4 次,“盤”字早中晚分别出現 9、9、12 次,此消彼長,“盤”逐漸成爲記寫{盤}的主流寫法。後世“般”“盤”各用所專。

《説文》有“槃”無“盤”,曰:“槃,承槃也。”《玉篇·木部》:“槃,器名。或作盤、鎜。柈,同上。”“槃”蓋漢時所用異構字。

13.{匜 yí}:古水器名

詞	字種	字形	用　例
匜	匜	它 37	作其庶女厲孟姬媵它(匜)。(魯大司徒子仲白匜 10277) 樊夫人龍嬴自作行它(匜)。(樊夫人龍嬴匜 10209)
		㐌 11	作叔妘媵㐌(匜)。(鄭大内史叔上匜 10281) 作鑄旅盤㐌(匜)。(曾姑盤 t14461)
		鉈 3	作西孟嬀婤母媵鉈(匜)。(陳伯元匜 10267) 自作盥鉈(匜)。(羅兒匜 x1266)
		鍂 4	作孟敦嬀敦女媵鍂(匜)。(陳子匜 10279) 滕太宰得之御鍂(匜)。(滕太宰得匜 x1733)
		蛊 1	曾少宰黄中(仲)酉之行蛊(匜)。(曾少宰黄仲酉匜 e951)
		鍦 1	曾夰臣之會鍦(匜)。(曾夰臣匜 e948)
		鏼 1	王子申之會鏼(匜)。(王子申匜 x1675 楚)
		沱 1	曾夫人作仲姬辛姬盥沱(匜)。(曾甫人匜 t14964)

[1] 唐蘭:《殷虚文字記》,中華書局,1981 年,第 161 頁。

續表

詞	字種	字形	用　例
匜	曳	曳 2	鑄其會曳(匜)。(以鄧匜 x405) 自作會曳(匜)。(東姬匜 x398)
		𢍰 1	鑄其御會𢍰(匜)。(唐子仲瀕兒匜 x1209)
		夰 1	蔡子佗自作會夰(匜)。(蔡子匜 10196)

器皿{匜},西周金文或作(宗仲匜 10182)、(貯子己父匜 10252),或作(召樂父匜 10216),象匜形,隸定作"它"①。也有作"𥁰""鉈"的,𥁰,從皿它聲;鉈,從金它聲,兩者係爲{匜}所造專字。春秋文字沿用"它""𥁰""鉈",又新增"𨫂"字形,"𨫂"當"𥁰""鉈"兩者的糅合異構。"沱"字,西周金文已見,如静簋(04273)"射于大沱",此"沱"即典籍中"池"字。以"沱"記寫{匜},當爲通假。曳,《説文》:"臾曳也。"用"曳"記寫{匜},亦屬通假,"𢍰"爲"曳"的加旁異構字;"夰",象兩手曳人形,亦爲"曳"字異構。"𥁼""𨥚""𨬍"即是以"曳"或"𢍰"爲聲而造的{匜}的專字。"曳"聲系列的通假或專用字形多出現於南方諸國。

14.{厨 chú}:厨房

詞	字種	用　例
厨	脰 3	曾太師奠之脰(厨)鼎。(曾大師奠鼎 x501) 吴王孫無土之脰(厨)鼎。(吴王孫無土鼎 02359)
	頭 3	蔡侯申之頭(厨)鼎。(蔡侯申鼎蓋 t02185)

"脰""頭"兩字皆始見於春秋文字材料。"頭",從頁,構意與頭有關,無疑義,記寫{厨},當爲假借。"脰",從肉,豆聲,或以爲是楚文字的"厨"字,與《説文》訓"項"的"脰"是同形字②。"厨"字始見於《説文》小篆。

15.{膳 shàn}:備辦飯食

詞	字種	用　例
膳	善 11	魯子仲之子歸父爲其譱(膳)敦。(歸父敦 04640) 荆公孫鑄其譱(膳)敦。(荆公孫敦 04642)
	膳 3	卲翏公之孫益余及陳叔嬀爲其膳敦。(益余敦 x1627) 齊侯作賸寬□孟姜膳敦。(齊侯作孟姜敦 04645)

①與"蛇"之初文"它"來源不同,隸定同形。

②李學勤主編:《字源》,天津古籍出版社,2012 年,第 823 頁。

{膳},《説文》:“具食也。从肉,善聲。”意謂準備飯食,引申指飯食。西周金文用“善”字記寫。善,《説文》:“吉也。从誩,从羊。”可見,以“善”記寫{膳}係假借。春秋時期沿襲之。春秋又出現用“膳”字記寫。“膳”乃“善”添加“肉”旁分化而成,乃{膳}後起本字。

16.{期 qī}:期限

<table>
<tr><th>詞</th><th>字種</th><th>字形</th><th>用　例</th></tr>
<tr><td rowspan="12">期</td><td rowspan="2">期</td><td>㫷 23</td><td>眉壽無㫷 。(沇兒鐘 00203)
元鳴無㫷。(蔡侯紐鐘 00210)
壽老無㫷 。(夆叔盤 10163)</td></tr>
<tr><td>期 4</td><td>萬年無期 。(彭無所鼎 e299)
正月盡期。(競孫旟也鬲 t03036)</td></tr>
<tr><td colspan="2">其 3</td><td>其眉壽無其。(子璋鐘 00113)
靁命無其。(邾公孫班鎛 00140)</td></tr>
<tr><td rowspan="2">諆 12</td><td>諆 11</td><td>萬年無諆 。(王子午鼎 02811)
眉壽無諆 。(王子吴鼎 2717)</td></tr>
<tr><td>⿰言㫷 1</td><td>眉壽無⿰言㫷。(徐王子旃鐘 00182)</td></tr>
<tr><td colspan="2">基 1</td><td>其眉壽無基。(子璋鐘 00114)</td></tr>
<tr><td colspan="2">⿱日异 2</td><td>萬年無⿱日异。(鼄太宰簠 04624)
眉壽無⿱日异。(次□缶 x1249)</td></tr>
<tr><td colspan="2">記 1</td><td>眉壽無記。(上鄀府簠 04613)</td></tr>
<tr><td colspan="2">⿰木朞 1</td><td>萬年無⿰木朞。(長子沬臣簠 04625)</td></tr>
<tr><td colspan="2">⿰其丮 3</td><td>其眉壽無⿰其丮 。(乙鼎 02607)</td></tr>
</table>

{期},指時間上的約限、期限。《詩·王風·君子于役》:“君子于役,不知其期。”此“期”指時間上的期限。《説文》:“期,會也。”段玉裁注:“會者,合也。期者,要約之意,所以爲會合也。”如《詩·鄘風·桑中》:“期我乎桑中,要我乎上宫,送我乎淇之上。”此“期”即時間上的約限。又如《莊子·則陽》:“今計物之數,不止於萬,而期曰萬物者,以數之多者號而讀之也。”成玄英疏:“期,限也。”《吕氏春秋·懷寵》:“徵斂無期,求索無厭。”高誘注:“期,度。”

“萬年無期”“眉壽無期”之類嘏詞出現於春秋中晚期,西周及春秋早期類似意義主要用“萬年無疆”“眉壽無疆”表達。{期}主要分布範圍爲楚、齊及其周邊地區[①]。

“㫷”字出現於春秋,從日,表與時間相關,當爲“期”字初文,行用於齊楚及周邊地區,爲春秋時期記寫{期}頻次最高的字形。

①有幾件器物的時代與地域尚需討論,如:齊良壺(09659),《殷周金文集成》(修訂增補本)定爲春秋早期器,《商周金文資料通鑒》(光盤)等定爲春秋,分期不明;寬兒鼎(02722)屬春秋晚期器,爲蘇亡後之器,時代與地域亦難明;與兵壺(x1980)爲鄭子孫所鑄器,所出地域難明,從字體看,屬於楚系風格。

“期”字春秋中晚期始見，吴王光鑑用爲人名，彭無所鼎、簠爲“萬年無期”。戰國秦作“期”字；齊璽作“旮”，與《説文》“期”古文同；楚作“异”。秦統一中國，記寫{期}沿襲秦用“期”字。

“其”字用以記寫{期}，無疑屬假借。

“諆”，《説文·言部》：“欺也。”徐鍇繫傳：“謾書也。”本爲{欺}所造。西周時期已有，主要作人名。師寰簋(04313)“折首執訊無諆”，“諆”假借作“計”。“諆”記{期}當爲通假。

“櫓”，從木，員聲，“棋”字聲符替换的異構字形，記録{期}當爲通假。

“䳢”，從丮，其聲，後世無傳。記{期}亦當爲通假。

“基”“員”“記”字亦皆有其習常對應語詞，記寫{期}皆爲通假。

17.{方 fāng}：方向、方位

詞	字種	用　例
方	方 23	眉壽無疆，匍有四方。(秦公鎛 00269) 其音悠悠，聞于四方。(徐王子旃鐘 00182)
	旁 6	其登于上下，聞于四旁(方)。(者減鐘 00197) 伐武之表，懷燮四旁(方)。(曾侯與鐘 jk2014.4)

方位之{方}，甲骨文假借“方”字記寫。甲骨文作形，象施一横於刀身，表示以刀分物。春秋金文沿用“方”字記寫{方}，又或以“旁”字通假記寫{方}。方，幫紐陽部；旁，並紐陽部。

18.{功 gōng}：功業、功績

詞	字種	用　例
功	工 1	武于戎工(功)。(楚太師登鐘 t15505)
	攻 4	親敷武攻(功)。(曾侯與鐘 jk2014.4) 武于戎攻(功)。(王孫誥鐘 x421)
	社 12	大有社(功)于洛之戎。(競之定簋 t04979) 大有社(功)于洛之戎。(競之定鬲 t03019)

“事功”“功業”之{功}，當由{工}引申派生，{工}之所成即謂之{功}。春秋時期以“工”字記寫，又或以“攻”通假記寫，《説文》：“攻，擊也。”“社”始見於春秋，行用於春秋戰國時期楚國，可能爲{功}所造的專字。《説文》始見“功”字。

19.{世 shì}：世代

詞	字種	字形	用例
世	世 6		世世子孫。(郘鐘 00237)
	枼 9		萬枼(世)無期。(與兵壺 e878) 枼(世)萬孫子。(王孫遺者鐘 00261)
	伳	伳 1	萬伳(世)用之。(鄭莊公之孫鼎 t02326)
		褋 1	萬褋(世)是寶。(樂書缶 10008)
		殜 1	余萬殜(世)是尚。(曾侯與鐘 jk2014.4)

世代之{世}，始見於西周金文，用“世”字記寫。“世”，西周早期金文作(吴方彝05207)，象枝葉形，與“枼”古本一字，假借記録{世}①。春秋時期記寫{世}，除承襲“世”字外，又常假借“枼”字。殷商甲骨文已有“枼”字，如(《合集》13625 正賓)，象樹上長有樹葉形。《説文》：“枼，薄也。”徐鍇繫傳：“枼之言葉也，如木葉之薄也。”《正字通 · 木部》：“枼，鄭樵曰：‘枼即葉字。’”枼，從木，世聲，爲“葉”之初文。目前所見春秋文字中，“枼”字見於東方和南方諸侯國材料，且皆用以記寫{世}。

春秋時期南方楚系諸侯國{世}又見以“殜”“褋”“伳”字記寫。“殜”從歺，枼聲；“褋”從示，枼聲；“伳”，在“世”上累增人旁，三字皆爲{世}所造專字異構。世，書紐月部；枼，喻紐葉部，古音相近。

20.{鄭 zhèng}：國族氏名

詞	字種	字形	用例
鄭	奠 22		奠(鄭)大内史叔上作叔妘媵匜。(鄭大内史叔上匜 10281) 奠(鄭)勇句父自作飤鬲。(鄭勇句父鼎 02520)
	鄭	鄭 1	余鄭(鄭)邦之產。(哀成叔鼎 02782)
		鄭 2	余鄭太子之孫。(與兵壺 e878)

國族氏名及地名{鄭}，西周金文假借“奠”字記寫，如免尊(06006)“唯六月初吉，王在奠(鄭)”。春秋金文既沿用“奠”字記寫，中晚期又用從“奠”增添“𩫏”旁分化的專用字“鄭”，還用從“奠”增添“邑”旁分化的專用字“鄭”。戰國文字襲用“鄭”。在漢字構形系統中“𩫏”即“郭”字異構，表城垣，與“邑”含義相近，兩者義近偏旁换用。

①李學勤主編：《字源》，天津古籍出版社，2012 年，第 167 頁。

21.{趙 zhào}:國族氏名

詞	字種	用　例
趙	肖 50	而敢不盡從肖(趙)盟。(侯馬盟書 1:24.1) 肖(趙)弧及其子孫。(侯馬盟書 92:10.3)
	⿰肖阝 1	而有志復⿰肖阝(趙)弧及……(侯馬盟書 88:1.4)
	趙 335	趙氏孫焦犲作造戈三百。(趙焦犲戈 zy2014.2) 而有志復趙狂及子孫比克于晋邦之地者。(侯馬盟書 152:2.2)

出土文字材料中,國族氏名{趙},始見於春秋中期銅器銘文,中晚期銅器銘文皆用“趙”字記録。《説文》:“趙,趨趙也。”以“趙”記{趙},屬假借。春秋戰國之際的侯馬盟書中,同一人名“趙弧”,以用“趙”字最常見,其次用“肖”字,個别用“⿰肖阝”字。用“肖”記寫屬假借。肖,從月小聲,爲“宵”之初文①。《説文》:“肖,骨肉相似也。从肉,小聲。”小篆字從肉,當是另一個字種。隸楷以後兩字混同,“⿰肖阝”當爲從“肖”增添“邑”旁的專用字。

22.{鄧 dèng}:國族氏名

詞	字種	字形	用　例
鄧	登	⿱癶廾 7	⿱癶廾(鄧)公牧作饙簋。(鄧公牧簋 03590)
		⿱登廾 8	⿱登廾(鄧)子仲無忌之用戈。(鄧子仲無忌戈 x1232)
	鄧	⿰⿱登廾阝 11	⿰⿱登廾阝(鄧)子午之飤鐈。(鄧子午鼎 02235) ⿰⿱登廾阝(鄧)公乘自作飤繁。(鄧公乘鼎 02573)

國族氏名{鄧},兩周金文先假借“登”字記寫。春秋中後期多用增添“邑”旁分化的專用字“鄧”。“鄧”字成爲記寫{鄧}的主流字種,爲後世所繼承。

23.{許 xǔ}:國族氏名

詞	字種	字形	用　例
許	無 1		無(許)奓魯生作壽母媵鼎。(鄦奓魯生鼎 02605) 無(許)伯彪之用戈。(無伯彪戈 11134)
	⿱無皿 10		⿱無皿(許)成□擇其吉金。(許成□鼎 ww2014.8) ⿱無皿(許)公買擇厥吉金,自作飤簠。(鄦公買簠 e475)
	⿱無言 1		⿱無言(許)公之戈。(許公戈 x531)
	鄦	鄦 4	鄦(許)子妝擇其吉金,用鑄其簠。(鄦子妝簠 04616)
		⿰⿱無言阝 1	蔡太師與媵⿰⿱無言阝(許)叔姬可母飤繁。(蔡大師鼎 02738)

國族及氏名{許},西周金文先假借“無”“⿱無言”記寫。無,爲“舞”初文,甲骨金文多假借記

①黄德寬主編:《古文字譜系疏證》,第 889 頁。

寫"有無"之{無}。⿱爫糸，構意不明。春秋時期除沿襲上述西周兩種用字外，多用增添"邑"的專用分化字，作"鄦"，或作"⿰⿱無口阝"。《史記· 鄭世家》："悼公元年，鄦公惡鄭於楚。"《集解》引徐廣曰："鄦音許"。《説文》："炎帝太嶽之胤，甫侯所封，在穎川。从邑，無聲，讀若許。""鄦"乃國族許之本字，後世假借用"許"字記寫。

24.{蔡 cài}：國族氏名

詞	字種	用　例
蔡	犮 94	犮(蔡)大司馬燮作媵孟姬赤盥盤。(蔡大司馬燮盤 e936) 犮(蔡)侯媵孟姬寶匡簠。(蔡侯簠 x1896)
	⿰犮阝 2	⿰犮阝(蔡)侯之用戈。(蔡侯産戈 11143) 王孫⿰⿱爫糸⿰王夫作⿰犮阝(蔡)姬飤簠。(王孫⿰⿱爫糸⿰王夫簠 04501)

國族氏名、地名{蔡}，西周金文假借"犮"字記寫①。春秋時期或沿用此用法，晚期"犮"字增添"邑"旁分化出專用字"⿰犮阝"。戰國鄂君啓車節中有地名"下⿰犮阝"。後世文獻中國族氏名與地名用"蔡"字。

25.{徐 xú}：國族氏名

詞	字種	字形	用　例
徐	余 3		余(徐)子氽之鼎。(徐子氽鼎 02390) 余(徐)子白耴此之元戈。(余子白耴此戈 M1:47zhl:t92)
	郐	郐 21	童麗公柏獲郐(徐)人。(余子白耴此戈 M1:47zhl:t92) 荆伐郐(徐)，余親逆攻之。(吴王壽夢之子劍 x1407)
		⿰⿱余車阝 1	攻吴王叡钺此⿰⿱余車阝(郐)自作元用劍。(攻吴王叡钺此郐劍 x1188)

國族名{徐}，目前所見材料，西周金文中尚未見。春秋金文或假借"余"字記寫，或從"余"增添"邑"旁分化專字"郐"記寫。"郐"又或累加聲符"車"作異構字"⿰⿱余車阝"。

26.{越 yuè}：國族氏名

詞	字種	用　例
越	戉 47	戉(越)王之子勾踐。(越王勾踐之子劍 11594)
	⿰戉阝 5	⿰戉阝(越)王勾踐自作用劍 。(越王勾踐劍 11621)

春秋國族名{越}，先假借"戉"(鉞之本字)字記寫，春秋末期或用從"戉"增添"邑"的分化專用字"⿰戉阝"。戰國時期國族及地名多沿用"⿰戉阝"字，後世文獻合併用"越"字記寫。

①何琳儀、黄德寬先生認爲"犮"乃"衰"的簡化字，參見何琳儀、黄德寬《説蔡》，《東南文化》1999年第5期，第105-108頁。

27.{邾 zhū}:國族氏名

詞	字種	字形	用　例
邾	邾 2		陸融之孫邾公釺作厥龢鐘。(邾公釺鐘 00102) 邾大司馬之造戈。(邾大司馬戈 11206)
	鼄 55	鼄	鼄(邾)公子害自作簠。(邾公子害簠 t05908) 鼄(邾)君慶作秦妊醴壺。(邾君慶壺 t12333) 鼄(邾)邦是保。(鼄公華鐘 00245)
		⿱宀黽	⿱宀黽乎乍作寶簋。(⿱宀黽乎簋 04158)
	朱 1		穆穆曾媢㛖朱(邾)姬之持。(曾媢㛖朱姬簠 x530)
	殺 1		杞伯每亡作殺(邾)嫀寶鼎。(杞伯每亡鼎 02494)

諸侯國名{邾},西周早期妊爵(09027)假借“殺”字記寫,西周晚期尋伯匜用專字“邾”記寫。春秋時期除沿用“邾”“殺”記寫外,習慣用“鼄”字通假記寫。此外,個别也通假用“朱”字記寫,或通假用“鼄”字異構“⿱宀黽”記寫。“⿱宀黽”當爲“鼄”初文。

28.{莒 jǔ}:國族名

詞	字種	用　例
莒	𥶰 5	郗宇之孫𥶰(莒)太史申作其竈鼎十。(𥶰太史申鼎 02732) 𥶰(莒)叔之仲子平自作鑄游鐘。(𥶰叔之仲子平鐘 00180)
	⿰𥶰阝 4	⿰𥶰阝(莒)侯少子析、乃孝孫不巨,拾取吉金。(⿰𥶰阝侯少子簋 04152) ⿰𥶰阝(莒)大叔之孝子平作其盥□壺。(⿰𥶰阝平壺 x1088)

今山東地區的古國族{莒},春秋金文先假借“𥶰”字記寫,後用從“𥶰”增添“邑”旁所分化出的專用字“⿰𥶰阝”。戰國文字中沿用“⿰𥶰阝”字。後世文獻用“莒”字通假記寫。

29.{潘 pān }:國族氏名

詞	字種	用　例
潘	番 23	番子擇其吉金。(番子鼎 ww2012.4) 上鄀公擇其吉金,鑄叔芈番改媵簠。(上鄀公簠 x401)
	鄱 3	鄱子成周擇其吉金自作龢鐘。(鄱子成周鐘 t15256)

古國族及氏名{番},西周金文假借“番”字記寫。春秋時期承襲用“番”字,又用從“番”增添“邑”旁所分化出的專用字“鄱”。出土戰國文字中,“鄱”字常見①。

①《説文》“鄱,鄱陽,豫章縣”,此與國族氏名之“鄱”當非同字。

30.{尋 xún}:古國族氏名、地名

詞	字種	用　例
尋	尋 2	尋(鄩)仲媵仲女子盤。(尋仲盤 10135)
	鄩 1	侯氏錫之邑二百又九十又九邑,與鄩之民人都鄙。(齊侯鎛 00271)

今山東地區的古國族及氏名{鄩},春秋早期尋仲盤、匜假借“尋”字記寫,春秋中期用從“尋”增添“邑”旁分化出的專用字“鄩”①。

31.{邿 shī}:古國族氏名

詞	字種	用　例
邿	寺 2	寺(邿)子姜首及寺(邿)。(邿公典盤 x1043)
	邿 3	邿伯祀作賸鼎。(邿伯祀鼎 02602)

古國族及氏名{邿},西周金文假借“寺”字記寫,如寺季故公簋。春秋時期銘文或沿襲用“寺”字,大多用從“寺”增添“邑”旁分化出的專用字“邿”②。《説文》:“附庸國,在東平亢父邿亭。从邑,寺聲。”

32.{吕 lǚ}:古國族氏名

詞	字種	用　例
吕	吕 3	吕大叔之貳車之斧。(吕大叔斧 11787) 余吕王之孫。(𪔅鐘 x488)
	郘 3	余畢公之孫,郘(吕)伯之子。(郘鐘 00230) 郘(吕)大叔以新金爲貳車之斧十。(郘大叔斧 11788)

古國族氏名{吕},西周金文常見,假借“吕”記寫,如班簋(04341)“王命吕伯”。春秋時期“吕”增添“邑”旁分化出“郘”以爲國族氏名專字。後世文獻又合併用“吕”字。

33.{萊 lái}:古國名

詞	字種	字形	用　例
萊	釐 3	𨤲	齊三軍圍𨤲(萊)。(庚壺 09733)
		釐	余賜汝釐(萊)都、密、膠其縣三百。(叔尸鎛 00285)
	斄 3	斄	余命汝司斄(萊)。(叔尸鎛 00285)

國族名{萊},目前所見材料,西周即已出現,如史密簋(x636)“史密右,率族人、釐(萊)伯、僰□,周伐長必”。《戰國策·魏策》“齊伐釐莒”,吴師道校注:“《齊策》:‘昔者萊莒好謀。’”春秋叔尸鎛(00285)銘文共出現 3 次,前后兩例用“釐”,中間一例用“斄”。“斄”係從

①《説文》“鄩,周邑也”,所指非山東之“鄩”。

②1986 年山東長清縣萬德鎮石都莊發現的邿仲簠(x1045),銘文首字作,隸定作㞢,學界以爲“邿”字省訛。

“鳌”增添“邑”旁分化出的專字。

34.{郳 ní}:國族名

詞	字種	用　例
郳	兒	兒(郳)慶作秦妊羞鬲。(兒慶鬲 t02868) 兒(郳)慶作秦妊匜鼎。(兒慶鼎 x1095)
	郳	郳始逘母鑄其羞鬲。(郳始鬲 00596)

春秋諸侯國“邾”別封的“小邾國”,又名{郳},春秋早期假借“兒”字記寫,中晚期從“兒”增加形旁“邑”,造專字“郳”。《説文》:“郳,从邑,兒聲。”

35.{繁 fán}:國族名、地名

詞	字種	用　例
繁	緐 2	俾譖征緐(繁)陽。(戎生鐘 x1616)
	鄦 1	克逖淮夷,抑燮鄦(繁)陽。(曾伯霥簠 04632)

兩周有國族名、地名{緐},西周時期假借“緐”字記寫,如師虎簋“司左右戲緐荆”。春秋金文或承襲這種用法,或用從“緐”增添“邑”旁分化出的專用字“鄦”。戰國有姓氏“鄦”,如《古璽彙編》2129 有“鄦昃”。“鄦陽”,後世文獻作“繁陽”。

36.{吴 wú}:國族氏名

詞	字種	字形	搭配	用　例
吴	虞	虞	工虞 12	工虞太子。(姑發䦉反劍 11718)
	盧	盧	攻盧 5	攻盧王。(夫跌申鼎 x1250)
			工盧 6	工盧大叔。(攻吴大叔盤 x1264) 工盧大叔。(工盧大叔戈 t17138)
	吴	吴	吴 10	吴恃有衆庶。(曾侯與鐘 jk2014.4) 敬配吴王。(蔡侯申尊 06010) 吴王夫差。(吴王夫差鑑 10294)
			工吴 1	工吴王䲣眗工吴。(工吴王䲣眗工吴劍 t17948)
			攻吴 3	攻吴王夫差。(吴王夫差鑑 10295)
	吾	吾	攻吾 1	攻吾(吾)王光韓。(攻吴王光韓劍 x1807)
	敔	敔	攻敔 17	攻敔(敔)王光。(攻敔王光劍 11654)
		敔	攻敔 19	攻敔(敔)王光。(攻敔王光劍 11620)
			句敔 1	其妹句敔(吴)夫人。(宋公緣簠 04589)
			敔 1	敔(吴)王夫差吴金。(吴王夫差盉 x1475)

國族名{吴},春秋時期多用兩字記寫,且用字多樣。單用"吴"字,春秋時期尚不占主流,幾個用例主要出現在吴國之外其他諸侯國。工、攻、句,發聲詞,《史記》作"句吴"。𠪚、盧、吴、吾、敔,疑紐魚部。

上文共考察了春秋文字材料中所見36個一音義名詞對應多字的現象。這些名詞中,28個已見於西周,8個係春秋新見。根據名詞的這種傳承情况,本文分别列表統計分析如下:

(1) 出土春秋文獻中28個沿用名詞與多字對應情况表

序號	詞	字種數	來源及對應類型					傳承主流用字		傳世典籍换用字	
			承襲		新見						
			本、兼用字	借用字	分化專字	異構專字	借用字	本用字	借用字	新異構字	借用字
1	祖	5	且	𠭯、取	祖	𥙏	俎昇	祖			
2	考	4	考	孝丂			攷	考			
3	耇	2	耇				枸	耇			
4	夫	3	夫	甫			父	夫			
5	姓	2	生		性					姓	
6	甥	2	生		姓					甥	
7	君	3	君				尹、均	君			
8	腹	2	腹				復	腹			
9	鼎	2	鼎	鼑		鐤、𪔂	貞	鼎			
10	甗	2	鬳	獻、𤢂				鬳		甗	
11	鑑	2	監		鑑	濫		鑑			
12	盤	2	般、盤					盤			
13	匜	2	它、𥁰、鉈			蛊、鍂、鉇、鍦	曳、㚒、夰			匜	
14	膳	2		善	膳			膳			
15	鄭	2		奠	鄭	𩱓		鄭			
16	鄧	2		登	鄧			鄧			
17	許	4		無、𣞤	鄦	𨟻	䣯	鄦			許
18	蔡	2		𡗜	𨚔						蔡
19	徐	2		余	郐	𨝞		郐			徐
20	邾	4	邾	殺			鼄、朱	邾			
21	潘	2		番	鄱			鄱			潘
22	邿	2		寺	邿			邿			
23	吕	2		吕	郘			郘			
24	萊	2		𨤲	𨟙		𨤲、𥻆				萊

續表

序號	詞	字種數	來源及對應類型					傳承主流用字		傳世典籍換用字	
			承襲		新見						
			本、兼用字	借用字	分化專字	異構專字	借用字	本用字	借用字	新異構字	借用字
25	繁	2		緐	⿰緐阝						繁
26	方	2	方				旁	方			
27	功	3	工		⿰礻工		攻			功	
28	世	3		世	伳	褋、殜	枼		世		
合計	28	69	16	18	17	8	14	20	1	5	6

(上表用字按詞和字種計,異構字形雖列出,但不單獨計算)

上表 28 個沿用詞中,春秋時期共有 69 對用字對應關係,其中 38 對承襲自西周,占 55%,也就是説,另 31 對即 45% 係春秋新見。爲這 28 詞,春秋時期新見創製 17 個分化專字。另沿襲本用字中 2 字出現新的異構,新見分化專字中 7 字存在異構;沿襲借用字中 2 字出現新的異構,新見借用字中 2 字出現新的異構。28 個音義中,春秋時期有 21 個對應用字成爲流傳常態,其中新見字 10 個,沿襲字 11 個。傳世典籍中有 5 個詞的對應換用新的異構字,6 個詞換用其他通假字。

(2)出土春秋文獻中 8 個新見詞與多字對應情況表

	詞	字種數	對應類型				傳承主流用字		傳世典籍換用字	
			借用字		新見本用字					
			已有	新見	專字	異構	本用字	借用字	新異構字	借用字
1	期	8	其、諆、基、⿱日其、記、朞	棋	⿱日其	期	期			
2	厨	2		頭	脰				厨	
3	趙	3	肖趙		郋			趙		
4	莒	2		⿱𥫗呂	⿰筥阝					莒
5	越	2	戉		⿰戉阝					越
6	鄩	2	鄩		鄩		鄩			
7	吴	5	⿰虞攵、虞、吴、吾、敔					吴		
8	郳	2	兒		郳		郳		倪	
合計	8	26	6 詞 16 字	3 詞 3 字	7 詞 7 字	1 詞 1 字	3 詞 3 字	2 詞 2 字	2 詞 2 字	2 詞 2 字

(上表用字按詞和字種計,異構字形雖列出,但不單獨計算)

上述 8 個春秋時期材料新見詞中,共有 26 組用字對應關係,其中 19 組爲借用字,占 73%;爲這 8 個詞,又新造 7 個專字,占近 90%。春秋時期 5 個對應用字成爲主流用字傳承。傳世典籍中有 2 個詞换用新的異構字記寫,3 個詞换用其他通假字記寫。

通過上文的考察與統計分析,我們得出幾點初步的認識:

一、作爲兩個對應的系統,漢字與詞語之間的記寫關係往往是動態的、不斷調整變化的。本文所舉 36 個詞共有 95 組對應關係,其中 40% 繼承自西周,60% 係春秋新見。爲記寫這 36 個詞,春秋時期新創制 24 個專字。26 個漢字與相應詞的對應成爲傳承的主流用法,其中新見字 13 個,沿襲字 13 個。傳世典籍中有 7 個詞的對應换用新的異構字,9 個詞换用其他通假字。

二、一詞所對應的多字中,各字使用地位並不平衡,有主有次。總體來説,以主流用字習見,非主流用字則相對少見。有些非主流用字衹有個别性,如{君}—君、均;{夫(人)}—夫、甫、父,皆以前一字爲主流用字,非主流用字出現頻次很低,可能衹是個人性的或偶然書寫的别字現象。衹有個别非主流用字頻次較高,如{鼎}—鼎、貞,主流與非主流用字出現頻次均比較高;還有少數詞的主流用字發生替换,如{祖}—且、祖,{盤}—般、盤,早期前一字爲主流用字,中晚期後一用字逐漸取代前一字,成爲主流用法。

三、國族氏名分化專用字反映出春秋時期的時代特點。本文所列 36 詞中,國族氏名 17 個,春秋時期分化出專字的有 15 個,占國族氏名的 88%,占所列詞的 42%。

四、南方諸侯國的部分用字現象反映出一定的地域性特點。如以“臾”及從“臾”聲字記寫{匜},以“枼”及專字“丗”“殜”“禖”記寫{世},是南方楚系諸侯國的用字特點。

引用文獻簡稱與全稱對照信息

e:《近出殷周金文集録二編》(中華書局,2010 年)

x:《新收殷周青銅器銘文暨器影彙編》(臺北藝文印書館,2005 年)

zhl:《鍾離君柏墓》(文物出版社,2013 年)

t:《商周金文資料通鑒》(光盤,吴鎮烽,2013 年)

jk:《江漢考古》

ww:《文物》

zy:《中原文物》

zx:中國新聞網

《合集》:《甲骨文合集》(中華書局,1978-1982 年)

銅器銘文標純數位者爲《殷周金文集成》(修訂增補本,中華書局,2007 年)一書拓片編號。

On the Phenomenon of One Word with Multiple Characters in Chunqiu(春秋) Period (Part of the Nouns)

Wu Guosheng

Abstract: According to a preliminary analysis, it is found that 36 nouns with one sound and meaning, such as zu(祖), kao(考) in the unearthed Chunqiu(春秋) period documents, are recorded with multiple Chinese characters respectively. These 36 nouns and related Chinese characters form a total of 95 corresponding relationships, 40% of which are inherited from the Xizhou (西周) Dynasty and 60% from Chunqiu(春秋) period. 24 nouns were newly recorded as special characters, 26 Chinese characters and corresponding nouns became a common practice, 9 nouns were handed down to later time with other records of common characters, and 7 nouns were handed down to the later time with new records of heterogeneous glyphs. It can be seen from the investigation and analysis in this paper that: First, the correspondence between the Chinese character system and the word system is constantly adjusted and developed dynamically; Second, in the correspondence between multiple characters and one word in Chunqiu(春秋) period, each character has the unequal position; Third, for the national family name differentiation special characters reflect the characteristics of Chunqiu(春秋) period; Fourth, the use of characters in the southern states reflects certain regional characteristics.

Key Words: Chunqiu(春秋) period; Chinese characters; Relationship between word and character; Noun

(吴國昇,漢字文明傳承傳播與教育研究中心/鄭州大學漢字文明研究中心　鄭州　450001)

封子楚簠小考*

謝明文

摘　要：封子楚簠銘文，《集粹》一書的釋文有些地方不太準確。本文對簠銘個別字詞有所考釋，如把"萬枼朋改"之"朋"讀作"不"，把舊所謂"爲"改釋作"剌"，認爲簠銘"剌"與鄭莊公之孫鼎、缶中的"剌"可能是同一個人。鄭莊公之孫鼎、缶的器主很可能就是封子楚或其兄弟輩。

關鍵詞：金文；封子楚；剌

封子楚簠現藏中國國家博物館，高 19 釐米、口長 29.4 釐米、口寬 21.7 釐米。直口，折壁，斜腹平底，四邊均留有扁桃形缺口，蓋口沿下有六個獸首狀卡扣，通體飾蟠螭紋（參下文所引《中國國家博物館典藏甲骨文金文集粹》）。封子楚簠蓋、器同銘，行款稍有不同，共 8 行 66 字（含合文 3）。該簠蓋銘拓本曾在互聯網上公布①，但質量不佳。新近出版的《中國國家博物館典藏甲骨文金文集粹》（下文簡稱《集粹》）一書既公布了封子楚簠的器形照片，也公布了蓋、器銘文照片及拓本，而且還對簠銘做出了比較準確的釋文②，甚便研究。下面我們準備在《集粹》的基礎上，簡單談談我們關於該銘文的一點釋讀意見。爲了討論的方便，我們先按照自己的理解寫出簠銘的釋文：

* 本文受到國家社科基金青年項目"商代金文的全面整理與研究及資料庫建設"（項目編號 16CYY031）的資助。

①http://www.microfotos.com/? p=home_imgv2&picid=2565720。

②中國國家博物館、中國書法家協會：《中國國家博物館典藏甲骨文金文集粹》，安徽美術出版社，2015 年，第 302-306 頁。

隹(唯)正月初吉丁亥,丰(封)子楚奠(鄭)武公之孫,楚王之士,睪(擇)其吉金,自乍(作)飤匿(簠)。用會[①]嘉賓、大夫及我朋[②]昚(友)。虩₌(赫赫)弔(叔)楚,剌之元子,受命于天,萬桊(世)朋(不)改,其釁(眉)壽(壽)無諆(期),子₌(子子)孫₌(孫孫),永保用之。

一、丰(封)子楚奠(鄭)武公之孫,楚王之士

"子楚"前一字,蓋、器分别作"""",從土從丰,《集粹》釋作"封",可從,金文中此字形亦見於魯少司寇封孫宅盤(《集成》[③]10154、《銘圖》[④]14499)。

"封"當是國族名。金文中男子稱謂"某子某"之"子",既可以是爵稱,也可以是尊美之稱[⑤]。"封子楚"之"子",我們認爲是爵稱(參看下文)。"楚",器主私名。"封子楚鄭武公之孫,楚王之士",其中"鄭武公之孫,楚王之士"是名詞短語作謂語,這一句是交代封子楚的身份,講述他是鄭武公之後,而仕於楚。結合器形與字體考慮,此簠時代應屬春秋晚期,因此銘文的"孫"應當是指裔孫,此種情形金文中多見。從封子楚是鄭武公的後裔來看,可以推知曾有一個姬姓封氏或封國存在。上引封孫宅盤之"封孫宅",其格式猶如"曾孫定"(曾孫定鼎,《銘圖》01657)、"發孫宋"(發孫宋鼎,《銘圖》01658),"封孫宅"之"封"也可能屬姬姓,封孫宅是封氏或封國之人而仕於魯者。

二、虩₌(赫赫)弔(叔)楚,剌之元子[⑥],受命于天,萬桊(世)朋(不)改

"虩₌弔(叔)楚",《集粹》釋作"虩弔(叔)楚",並將"虩弔(叔)"與其前的"朋友"連讀,"楚"

---

①沇兒鎛(《集成》00203)"龢逾(會)百姓"之"逾(會)"用法與之相同。

②金文中一般隸作"倗"的字,本文皆徑作"朋"。參看黄文傑《説朋》,《古文字研究》第二十二輯,中華書局,2000年,第278-282頁。

③中國社會科學院考古研究所:《殷周金文集成》,中華書局,1984-1994年。

④吴鎮烽:《商周青銅器銘文暨圖像集成》,上海古籍出版社,2012年。

⑤參看黄錫全《楚器銘文中"楚子某"之稱謂問題辯證——兼述古文字中有關楚君及其子孫與楚貴族的稱謂》,《江漢考古》1986年第4期;李守奎《楚大師辪慎編鐘與楚大師鄧子辪慎編鎛補釋》,《出土文獻》第五輯,中西書局,2014年,第21-27頁。

⑥器銘"子"字,《集粹》釋文筆誤作"士"。

與其後的“剌之元子”連讀，本文初稿從此説。蒙程鵬萬先生告知，所謂“虩弔(叔)楚”大概可以連讀爲“虩= 弔(叔)楚”即“赫赫叔楚”。從蓋銘拓本看，虩下似有重文號，又結合文義，可知程説可從。叔弓鐘(《集成》00275)、叔弓鎛(《集成》00285)“虩虩成湯”以及晉公盆(《集成》10342)“虩虩在上”之“虩虩”，不少研究者指出應讀爲“赫赫”[①]。郭店簡《緇衣》簡16、上博簡《緇衣》簡9“虩虩師尹”之“虩虩”，今本《緇衣》以及《詩經·小雅·節南山》作“赫赫”。郭店簡《五行》簡25-26“明明在下，虩虩在上”之“虩虩”，《詩經·大雅·大明》作“赫赫”。

“之元子”前一字，《集粹》釋作“爲”。此字蓋銘作“”，比較“”“/”(鄭莊公之孫鼎，《銘圖》02409)，可知它們顯然是一字，即“剌”字左邊所從，它與“剌”可通用[②]。此字器銘拓本作“”，照片作“”，右邊明顯從“刀”，此形即“剌”字。“剌之元子”亦是交代身世，表示器主“楚”是“剌”的兒子。

“受命于天”即“受天命”。西周金文中多次出現“受大命”一語及其變式，如何尊(《集成》06014)“肆文王受茲大命”，大盂鼎(《集成》02837)“丕顯文王，受天有大命”，乖伯簋(《集成》04331)“朕丕顯祖文武，膺受大命”，毛公鼎(《集成》02841)“丕顯文武，皇天引厭厥德，配我有周，膺受大命”，卌三年逨鼎(《銘圖》02504)、師克盨(《集成》04467)“丕顯文武，膺受大命，匍有四方”，師訇簋(《集成》04342)“丕顯文武，膺受天命”等，其中的“受大命”即指受天命，受大命的人物僅限於周文王、周武王兩位。西周晚期的畢伯克鼎(《銘圖》02273，《文物》2010年第6期第17頁圖三五：2)有銘作“畢伯克肇作朕丕顯皇祖受命畢公肆彝”，其中“受命”作“畢公”的定語，張天恩先生認爲畢公即畢公高，因爲畢公高是畢氏始祖，受封於武王，又曾有過“顧命”“畢命”等經歷，故在其名號前冠以“受命”二字。“受命”和“受大命”存在等次的差別，鼎銘“受命”的施事是周王[③]。張説基本可從。

東周時期，周天子勢力衰微，諸侯國的人在所作銅器上鑄銘叙述其祖先事迹、君王事迹或自身事迹時，“受大命”“受天命”一語出現了僭越現象。如晉公盆(《集成》10342)“我皇祖唐公[膺]受大命，左右武王”，秦公簋(《集成》04315)“秦公曰：丕顯朕皇祖，受天命”，秦公鎛(《集成》00267)“秦公曰：我先祖受天命，賞宅受國”，朋戟(《銘圖》17355)“新命楚王□，膺受天命”，秦公鎛(《集成》00267)“秦公其畯紟在位，膺受大命，眉壽無疆，匍有四方”。

---

①參看徐寶貴《金文考釋兩篇》，《考古與文物》2003年第5期。

②《説文》認爲“剌”字從“束”，不少研究者已經指出此説有誤。于省吾先生認爲“剌”左旁與甲骨文中的“耒”爲一字(于省吾《釋耒》，《雙劍誃殷契駢枝》，臺灣藝文印書館，1975年，第23-30頁)。裘錫圭先生進一步認爲“耒”是“棃”的初文(裘錫圭《甲骨文中所見的商代農業》，《古文字論集》，中華書局，1992年，第170頁；又收入氏著《裘錫圭學術文集》第一卷甲骨文卷，復旦大學出版社，2012年，第256頁)。

③張天恩：《論畢伯鼎銘文的有關問題》，《中國考古學會第十一次年會論文集》，文物出版社，2010年，第202-210頁。

從以上例子可以看出,西周時"受大命/受天命"一語主要用於周文王、周武王。到東周時雖可普遍用於諸侯,但普通貴族則未見使用此語。封子楚自言"受命于天",可知絶非等閑之輩,因此我們傾向於"封子楚"之"封"是國族名,"子"是爵名,封子楚曾做過封國國君。結合"楚王之士"來看,大概其時封國已滅或已附屬於楚,但封子楚仍希冀永遠"受命于天",表明他有復興封國的强烈意圖,仕於楚衹是暫時不得已的選擇罷了。

"萬枼(世)朋改"之"朋",結合文義與語音,我們認爲它應讀作"不"。"不",幫母之部,"朋",並母蒸部,兩者聲母同屬唇音,韻部陰陽對轉。《周易·蹇》:"九五:大蹇朋來。"上博簡《周易》簡35"朋"作"不"。盠尊(《集成》06013)、盠方彝(《集成》09899、09900)"不叚不其",盠駒尊(《集成》06011)與之相應的話作"朋下不其",不少研究者指出不、朋,叚、下皆同音假借[①],可信。這些皆是"朋""不"相通之例。從文義看,簠銘"萬枼(世)朋改"[②]之"朋"讀作"不"亦非常合適。

三、封子楚簠與鄭莊公之孫器的人物關聯

1988年,襄樊市博物館在襄樊北郊團山發掘了一座春秋晚期墓葬(M1),其中出土的兩鼎兩缶鑄有大致類似的銘文。我們結合已有成果先把相關銘文釋讀如下:

(1)隹(唯)正六月吉日隹(唯)己,余奠(鄭)臧(莊)公之孫,余剌之疫子,盧(虞)乍(作)盥(鑄)爴(肆)彝,吕(以)爲父母。其遷于下都,曰:烏(嗚)虖(呼)哀哉,剌弔(叔)剌夫人,萬枼(世)用之。 (鄭莊公之孫鼎,《銘圖》02409,《湖北粹》[③]56)

(2)余奠(鄭)臧(莊)公之孫,余剌之子,睪(擇)盥(鑄)爴(肆)彝,吕(以)爲父母,其正十月(?)己亥,升剌之隮(尊)器,爲之□缶。其獻下都,曰:烏(嗚)虖(呼)哀哉,剌……羕(永)□用亯(享)。 (鄭莊公之孫缶,《銘圖》14095、14096)

鼎銘中的"盧",黄錫全先生、李祖才先生傾向於是作器者之名[④],李學勤先生認爲是人稱代詞[⑤],鄔可晶先生認爲應讀作訓"擇"之"虞"[⑥]。我們認爲鄔説可從。作器者"鄭莊公之

①諸家之説可參看白於藍《金文校讀三則》,《考古與文物》2013年第6期。

②楚大師鄧乂慎編鐘(《銘圖》15511—15518)"萬年毋改"之語可合觀。

③湖北省博物館編:《湖北出土文物精粹》,文物出版社,2006年。

④黄錫全、李祖才:《鄭臧公之孫鼎銘文考釋》,《考古》1991年第9期。

⑤李學勤:《鄭人金文兩種對讀》,《通向文明之路》,商務印書館,2010年,第166-170頁。

⑥鄔可晶:《談鄭臧公之孫鼎銘中的"虞"》,復旦大學出土文獻與古文字研究中心網站http://www.gwz.fudan.edu.cn/SrcShow.asp? Src_ID=1136#_edn6,2010年4月29日。

孫”,李學勤先生認爲是鄭莊公的裔孫,是鄭人而仕於楚者①,可從。從鄭莊公之孫鼎、缶銘文來看,剌是莊公之後,從封子楚簠銘文來看,鄭武公亦有後人稱“剌”者,而鄭武公是鄭莊公之父,又結合鄭莊公之孫鼎、缶與封子楚簠時代相當,皆是春秋晚期器,器主皆仕於楚來看,我們認爲鄭莊公之孫鼎、缶中的“剌”與封子楚簠的“剌”可能就是同一個人②。據此可推測鄭莊公之孫鼎、缶的器主很可能就是封子楚或其兄弟輩。

補記:拙文曾署名謝雨田,發表在復旦大學出土文獻與古文字研究中心網站(http://www.gwz.fudan.edu.cn/SrcShow.asp? Src_ID= 2724,2016 年 1 月 13 日)。此次發表稍作改動,主要觀點未變。拙文在網站發布後,黄錦前先生亦在同一網站發表《鄭人金文兩種讀釋》一文(2016 年 1 月 14 日),又 2016 年 9 月出版的《商周青銅器銘文暨圖像集成續編》(上海古籍出版社,2016 年,第 2 卷第 278 頁)0517 號亦著録了封子楚簠銘文,釋文與拙文基本相同,讀者可參看。

圖 1

圖 2　蓋銘照片及拓本

①李學勤:《鄭人金文兩種對讀》,《通向文明之路》,第 166-170 頁。

②研究者或認爲團山 M1 就是剌及其夫人的合葬墓,參看馮峰《鄭莊公之孫器新析——兼談襄陽團山 M1 的墓主》,《江漢考古》2014 年第 3 期。

圖 3　器銘照片及拓本　(圖 1-3 轉引自《集粹》第 302-306 頁)

A Research on Feng Zichu Fu(封子楚簠)

Xie Mingwen

Abstract: Since there are some minor errors in *Jicui*(集粹) on the inscriptions of Feng Zichu Fu(封子楚簠), the article makes some exploration on it. For example, *peng*(朋) in wanshi peng gai(萬枼朋改) should be regarded as bu(不), la(剌) in Chula zhi yuanzi(楚剌之元子) is the correct transcript instead of wei(爲), and it is speculated that the name la(剌) here maybe represent the same person as the la(剌) recorded in Zhengzhuanggong zhi sun ding and fou(鄭莊公之孫鼎、缶). Furthermore, the master of the *ding*(鼎) and the fou(缶) is likely to be Feng Zichu(封子楚) or his brothers.

Key Words: Bronze inscriptions; Feng Zichu(封子楚); La(剌)

(謝明文,復旦大學出土文獻與古文字研究中心　上海　200433)

十二方新見買地券校釋*

李明曉

摘　要:買地券是中國古代主要以地契形式放置於墓葬中的一種迷信隨葬品,對中國宗教史、民俗學研究有着重要參考價值。本文對 2018 年公布的 12 方五代至清買地券材料的釋文進行校釋,主要是參照拓片及同一時期買地券習用行文格式對釋文中誤釋、缺釋、脱文、句讀等方面進行校補,並注釋部分重要宗教文書用語。

關鍵詞:買地券;2018 年;新公布;校釋

買地券是中國古代主要以地契形式放置於墓葬中的一種迷信隨葬品,又稱"地券""地莂""墓莂""墓券""墓契""冥契""幽契""幽券""陽券"等,對中國宗教史、民俗學研究有着重要的參考價值。隨着買地券材料不斷公布,研究領域不斷擴展,研究内容日趨深入。2018 年,考古發掘報告、碑刻著録陸續公布了不少買地券材料,進一步夯實了買地券的研究基礎。當然,有些論著所公布的買地券釋文或多或少存在一些訛誤,主要是釋文誤釋、缺釋或者句讀有誤。筆者不揣淺陋,試對 2018 年公布的 12 方買地券的釋文進行校釋。

這 12 方買地券書寫時代從五代至清,其中後蜀、金、清各 1 方,宋 5 方,元、明各 2 方。爲行文方便,本文按地券埋入時間先後順序分别校釋,校釋格式是首先列出所擬買地券名稱,進行簡要解題,説明資料出處,然後節引需要校補的原材料,再以按語的形式分條加以校釋,最末列出校釋之後的整方買地券釋文(原券中簡體字保留)。

* 本文係全國高校古委會項目"新出唐—清買地券整理與研究"(1710)及西南大學中央高校基本科研業務費項目(SWU1809013)之階段性成果。感謝匿名審稿專家對本文提出的具體修改意見。

一、後蜀廣政十八年(955)樂遥之買地券

【解題】

20世紀60年代,四川成都市大邑縣安仁鎮出土,四川博物院藏,石質。

【資料出處】

胡蔚:《四川博物院古代銘文石刻概述》,《文物春秋》2018年增刊。

【校釋】

[1]原釋文:"謹用五綵五果、酒脯命米、信錢對天地衆神,買得此田一團,封一十目。"

按:句讀有誤,"五綵"與"五果"之間、"酒脯"與"命米"之間均應該斷開。"五綵"本指青黄赤白黑五種顔色,此代指五種顔色相雜的冥錢。"五果"指祭祀用的五種水果,一般指桃、李、杏、栗、棗,有時具體種類視地域而有所不同。"酒脯"指酒和乾肉。"命米"指天師道民來到所屬的天師治(教區)中,向道士繳納作爲在天庭命籍登記續命的米。

另,"此田一團,封一十目",這種土地稱量表達方式少見。如四川省成都市大邑縣出土《後蜀廣政十八年(955)譙氏買地石券》,上有"謹用五綵、五菓、酒脯、金銀、信錢,對天地衆神買得此田一團,封一十目"[①]。此券與樂遥之買地券均是廣政十八年(955)埋入,且樂遥之與譙氏均居住在"邛州安仁縣廣德鄉和衆里",故可推定二人是夫妻關係。其中,"團"在契約文書中常用來計量菜園、果園、山場、房屋地基,如貴州清水江文書《光緒十三年(1887)王壽泰立抽園地字》有"今因抽到孟寨王金石先年祖公之園地乙(一)團,每年當抽乙(一)百八十文整"[②]。"封一十目"具體含義不太清楚,筆者推測"封"可能是"分"之訛字。在閩南語中,"目"可指段,如"一目甘蔗"[③]。此處"目"也可能用作量詞,指一段。"買得此田一團,封一十目"大致是説買得一塊田地,劃分成十小段。

[2]原釋文:"若輙忓犯,呵禁之者,將軍亭長,收付河伯。"

按:句讀有誤,"忓犯""呵禁"應連讀,在買地券中多用"若輙干犯呵禁者"表達。"忓犯"

---

①劉雨茂、榮遠大(成都文物考古研究所):《成都出土歷代墓銘券文圖録綜釋(上)》,文物出版社,2012年,第85頁。

②張應强、王宗勛主編:《清水江文書》第二輯第五册,廣西師範大學出版社,2009年,第414頁。

③李清桓、鄒嵐:《海口閩南綫條語義量詞"綫""桱""目"等理據與用法淺析——兼論與黎語、現代漢語等比較》,《海南師範大學學報》2015年第6期。

是干預、冒犯之意，而“呵禁”是呵斥、制止之意[①]。《南朝宋元嘉十年(433)徐副買地券》有“板到之日，丘墓之神，地下禁忌，不得禁呵誌訝”，“禁呵誌訝”即是呵斥爲難、干擾的意思。“之者”則是代指以上冒犯地下亡者的鬼神。《北宋天聖三年(1025)陳僧義女買地券》有“其地兇神惡鬼之者，不得横相侵奪”，可爲佐證[②]。此句應校補作：“若輒忓犯呵禁之者，將軍亭長，收付河伯。”

【釋文】

維廣政十八年歲次乙卯十月乙丑朔廿一日乙酉，邛/州安仁縣廣德鄉和衆里歿故南陽郡故録公尚書/樂遥之券。生居鄉邑，死居宅兆，以遘疾歿/故。今日蓍筮叶從，相地襲吉，宜於和衆里之原/安厝宅兆。謹用五綵、五果、酒脯、命米、信錢對天/地衆神，買得此田一團，封一十目。東至青龍，西至白/虎，南至朱雀，北至玄武。内方抅陳，分掌四域。/丘承(丞)墓伯，封步界畔；道路將軍，整齊阡陌。千秋/萬歲，永無殃咎。若輒忓犯呵禁之者，將軍亭/長，收付河伯。今日牲牢(牢)酒，對天地衆神，共爲信契。/財地交付，工匠修塋安厝已後，永保休吉。知見人：歲月。保/人：直符。故氣邪精，不得忓吝。先有居者，永避萬里。若/違此約，地苻(府)主者自當其禍。主人内外存亡，常亨(享)福吉。急急如律令。/

二、北宋至道二年(996)尉暉買地券

【解題】

2003年8月，甘肅省慶陽市寧縣九龍川九陵村出土。2004年8月，慶城縣博物館收藏。石質，長35.5釐米，寬31釐米，厚3.5釐米，從右到左陰刻11行，計122字。

【資料出處】

張志升:《慶城縣博物館館藏北宋至道二年尉暉買地券考釋》，《文物鑒定與鑒賞》2018年第19期。

【校釋】

[1]原釋文：“賣(買)得　地一所，□□長壹拾壹步，闊玖步，衙前叁步半。”

按：原釋文“得”後空一字，從買地券照片看應是“闃(闃)”，“闃(闃)地”即指空閑地。而

---

①“呵禁”在買地券中還可以寫作“訶禁”“河禁”。至於其實際意義，目前尚有不同意見：(1)陳杏留指出“訶禁者”即“呵禁者”，表示把守墓地冥間神，見陳杏留《金元明清買地券詞語研究》(西南大學碩士學位論文，2010年)第15頁。(2)黑維强則認爲“訶禁”指禁令，禁忌，“若輒忓犯訶禁者”意謂如果有觸犯禁令者，見黑維强《敦煌、吐魯番社會經濟文獻詞彙研究》(民族出版社，2010年)第75頁。

②瑞昌縣博物館:《江西瑞昌發現兩座北宋紀年墓》，《文物》1986年第1期。

本方買地券後面又出現兩次“闘”,原作者均已釋出,如此看來此處漏掉“闘”字應是排印錯誤。

而“長”前二字未釋,此二字原作“”“”,疑是“全料”,可能是“整塊地”之意①。

[2]原釋文:“右件闘地計錢九万九千九百九十九貫大。”

按:釋“大”顯誤,應是“文”。“九万九千九百九十九貫文”或“万万九千九百九十九貫文”是買地券習語,不是土地實際價格,體現出買地券的虛擬性。

[3]原釋文:“書券人石公(功)賣(買)”。

按:釋“賣(買)”有誤,本方買地券出現三次“賣”,均書作“”,而此處作“甴”,係“曹”之異體。石公(功)曹是買地券中常與“金主簿”對舉的神衹。

【釋文】

寧州安定縣九陵鄉辛村/人户尉暉邊賣(買)得闘(鬮)地一所,□□/長壹拾壹步,闊玖步,衙前叁步/半。謹六至如後:/東至青龍,西至白虎,南至朱雀,/北至玄武,上至倉(蒼)天,下至黄泉。/右件闘(鬮)地計錢九万九千九百九十/九貫文,出賣(買)已(以)後,一任亡人永恒爲/主。書券人:石公(功)曹。見人:辛(李)道度。/大宋至道二年二月十三日,/賣(買)闘(鬮)地人尉暉。/

三、北宋至和三年(1056)李十四娘買地券

【解題】

浙江會稽金石博物館藏,石質,方形,邊長 44 釐米。出土時間地點不詳。

【資料出處】

紹興市檔案局(館)、會稽金石博物館編:《宋代墓誌》,西泠印社出版社,2018 年,第 328-329 頁。

【校釋】

[1]原釋文:“不得與鬼神横相傾奪。”

按:“傾奪”有誤,應是“侵奪”,指侵占、搶奪。

[2]原釋文:“誰讀(書)? 天上鶴。”

按:將“讀”改釋作“書”,有誤。“誰讀”,即“誰爲讀”之省。

[3]原釋文:“丘承(丞)墓伯出,界畔道路斬斬齊,千百爲驗。”

---

①此條蒙匿名審稿專家指出,謹致謝忱。

按：由於原書寫地券者文化水平不高，導致買地券内容多有别字。而此墓誌著録釋文斷句亦有誤。依其他買地券行文格式，此處“出”應是“封步”，“斬斬齊，千百”應是“道路將軍，齊整千（阡）百（陌）”，“爲驗”應是衍文。本段券文可校釋作“丘承（丞）墓伯，出［封步］界畔；道路斬斬（將軍），［整］齊千（阡）百（陌），爲驗”。

【釋文】

維大唐（宋）至和三年三月一日癸丑朔，大宋國江南西道建昌軍南城/縣南城鄉常泰里新風保，即有歿故亡人李十四娘，行年六/十歲，於三月十七日忽染瘜（患），頻經扁鵲良藥所醫，不得/蒙，俄爾之間，是至歸空。亡人李十四娘在生之日，往宅正乾/方、卧龍崗丑艮山下陰地一宅，丙午向，用青銅錢九万九千九/百九十九文九分，於開皇地主邊，買得陰地一穴充墳墓。上/至青天，下至黄泉，東止甲乙，南止丙丁，西止庚辛，北止壬癸，中止戊己，/週迴二十五傾（頃）。丘承（丞）墓伯，出（封步）界畔；道路斬斬（將軍），［整］齊千（阡）百（陌），爲驗。/安葬已後，永保吉昌，一切山精伏屍古氣，不得呵問。證/人日月精，保人張堅固，見人李定度。不得與鬼神横相/侵奪，男奪爲奴，女奪爲婢。四時節休改悔，召嚮之時/不得迴。誰爲書？水中魚。誰讀？天上鶴。鶴何在？飛上天。魚/何在？入深泉。文書朽爛不須争。急急如太上老君律令。/

四、北宋熙寧二年（1069）杜義買地券

【解題】

甘肅省天水市張家川縣恭門鎮麻崖村出土，磚刻，正方形，邊長30釐米，10行，計140多字，順逆相間。現藏於張家川縣博物館。

【資料出處】

張家川回族自治縣文物局、張家川回族自治縣博物館：《張家川金石録》，文物出版社，2018年，第40-41頁。

【校釋】

［1］原釋文：“維熙寧貳年歲已酉律月。”

按：“已酉”應是“己酉”，“律月”應是“肆月”。

［2］原釋文：“今用錢玖萬玖千貫，交戴氏黄泉。”

按：“交戴氏”有誤，應是“文，就此”。故釋文應爲“今用錢玖万玖千貫文，就此黄泉”。

【釋文】

維上用石，下用木，皆真顛倒書，令兩頭/炅。惟大宋國秦州界清水縣弓門寨，維/熙寧

貳年歲己酉肆月壹日丁酉朔貳/拾伍日辛酉，葬埋没古(故)亡人杜義，今用錢/玖万玖千貫文，就此黄泉買得墓田周/留(流)壹所。東至青龍，西至白虎，南至朱雀，/北至玄武。上至倉天，下至黄泉。其地及/錢當日交相分付訖，並無懸欠。保人：東/王公、西王母。知見人：張堅古(固)、李定度。書/契人：金主補(簿)。奉勅(符築)急急如律令。/

五、北宋政和元年(1111)郭德美買地券

【解題】

甘肅省天水市張家川縣出土，順逆相間。具體出土情況不詳。

【資料出處】

張家川回族自治縣文物局、張家川回族自治縣博物館：《張家川金石録》，文物出版社，2018年，第46頁。

【校釋】

[1]原釋文："子人户。"

按：釋"子"有誤，應是"千"。

[2]原釋文："今用錢九万九千九百九十九貫文定。"

按：釋"定"有誤，應是"足"。甘肅省平涼市莊浪縣出土《北宋熙寧二年(1069)毛氏買地券》①，上有"用錢玖万玖千玖伯(佰)貫文足"，可證。此處"足"應是"足陌"省稱，指在用錢時每百文確實爲百枚之數，無短缺。

[3]原釋文："以後若得侵奪。"

按："以"應是"已"。釋"若"有誤，此處雖有石花，但可辨識，應是"不"。

【釋文】

維南贍部州大宋國修羅管界□□□/千人户亡人郭德美乞□□/□終，今用錢九万九千九百九十九貫文/足買墓地一段。東至甲乙青龍，西至庚辛白/虎，南至丙丁朱雀，北至壬癸玄武。上至蒼/天，下至黄泉。分與山神土地衆明□。□/保人：張堅固、李定度。見人：東王父、西王/母。書契人：金主薄(簿)。已後不得侵奪，□□/避之千里。政和元年二月二十一日，郭德美。/

---

①王江平、趙軍明、張曉莉：《甘肅莊浪發現宋"熙寧"二年券磚》，《中國文物報》2013年8月16日第8版。

六、南宋紹興六年(1136)王氏十二娘買地券

【解題】

2015 年 2 月至 2016 年 5 月，成都文物考古研究院與四川大學考古系對位於成都市青羊區清江東路的張家墩古墓群展開正式勘探和發掘工作，在 5 座南宋時期磚室墓中出土 7 方買地券。而 M1 出土石買地券 2 方，其中 M1 南:6 買地券，長 32.4 釐米，寬 31.9 釐米，厚 3 釐米。

【資料出處】

四川大學考古系、成都文物考古研究院:《成都市清江東路張家墩隋唐至南宋磚室墓》，《考古》2018 年第 12 期。

【校釋】

[1]原釋文:"維紹興六年歲次丙辰十二月□十朔初九日壬寅。"

按:"□十"顯誤，核對拓片，原作""，應是"甲午"。查《二十史朔閏表》，"紹興六年十二月"正是甲午朔①。

[2]原釋文:"……氣邪精不得忏犯。"

按:釋"忏犯"有誤，應是"忓犯"，即干犯。釋"忓"作"忏"是買地券釋文常見誤釋之一。

【釋文】

維紹興六年歲次丙辰十二月甲午朔初/九日壬寅故王氏十二娘地券，生居城邑，死/安宅兆，卜筮叶從，相地咸吉，宜於此成都/縣善政鄉福地之原安厝。其界東至/青龍，西至白虎，南至朱雀，北至玄武，中/方勾陳，分掌四域。丘承(丞)墓伯，道路將/軍，封步界畔，整齊阡陌。千秋萬載，永/……。知見人:歲月主者。保人:今日/……氣邪精，不得忓犯，一如律令。/

七、金大定二十二年(1182)郝□□買地券

【解題】

2015 年 8 月，山西省考古研究所在山西汾西縣永安鎮郝家溝村北金墓採集到一件磚質買地券(M1 採:1)，正方形，邊長 33 釐米，厚 5.5 釐米，從左向右朱書 9 行，部分文字不甚清楚。

①陳垣:《二十史朔閏表》，古籍出版社，1956 年，頁 135。

【資料出處】

山西省考古研究所、汾西縣文物旅游局：《山西汾西郝家溝金代紀年壁畫墓發掘簡報》，《文物》2018 年第 2 期。

【校釋】

[1]原釋文："佳作□□□千□□□九十文。"

按：原釋"佳"，有誤，疑是"兆"字，是"宅兆"省稱，指墳墓。而"作"之後依稀可辨有"錢萬九千九百九十文"。

[2]原釋文："其身交付足。"

按：原釋"身"，字形作""，當是"錢"在買地券中的常見俗寫形式。

【釋文】

維南贍部洲大金國□□平陽府/汾西縣趙村保郝家莊郝□□，/買到地捌分，兆作錢九萬九千貫九百/九十文，其錢交付足。東至青龍，南至/朱雀，西至白虎，北至玄武。上至蒼天，/下至黄泉。其地四至分明。故立文字/爲據。/大定廿二年後十一月十二□□□書□□□/□□□。/

八、元皇慶元年（1312）馬聚爲父母買地券

【解題】

1983 年 12 月，新鄉市文物工作隊在河南新鄉縣古固寨鄉古固寨村南發掘出土一方買地券，青磚質，長方形，長 24 釐米，寬 21 釐米，厚 3 釐米。券文用朱砂書寫，楷書。正面文字 14 行，滿行 25 字。

【資料出處】

馮述一：《新鄉縣出土元代買地券考》，《文物鑒定與鑒賞》2018 年第 7 期。

【校釋】

[1]原釋文："馬聚□緣父母奄逝卜塋墳夙夜憂思不□所□遂今日者擇此高□。"

按：此段釋文訛誤較多，"卜塋墳"前漏釋"未"，"今"應是"令"。據其他買地券格式，此段可以補作"馬聚伏緣父母奄逝，未卜塋墳，夙夜憂思，不遑所厝，遂令日者擇此高原"。

[2]原釋文："□已出備錢彩。"

按："□已"應釋作"梯己"，意謂自己、私人，此指家人私下出錢。"錢彩"應釋作"錢綵"，此亦是買地券釋文常見誤釋之一。其中"綵"，指彩色絲織品。

[3]原釋文:"管分掰四域。"

按:釋"掰"有誤,應是"擘","分擘"指分别掌管。

[4]原釋文:"道路將軍家□□阡陌□□使千秋載永無殃咎若有干犯並會將軍亭長縛付河伯。"

按:雖然所公布買地券照片不甚清晰,但據其他買地券來看,此段釋文訛誤較多。此段券文應是"道路將軍,齊整阡陌,致使千秋萬載,永無殃咎。若有干犯,並令將軍亭長,縛付河伯"。

[5]原釋文:"各已分會。"

按:釋"會"有誤,應是"付"。

[6]原釋文:"助葬主里處□採□安吉。"

按:"里"應是"裹","處"應是"外","採"應是"悉"。據買地券通例,此券文可補作"助葬主裹外存亡,悉皆安吉"。

【釋文】

維南瞻部州大元國皇慶元年歲次壬子己酉月甲子朔望,衛輝路新鄉縣新中鄉介三東居住祭主馬聚伏緣父母奄逝,未卜塋墳,夙夜憂思,不遑所厝,遂令日者擇此高原,來去朝迎,地占襲吉。地屬本州本縣介□之後□□馬宅□,梯己出備錢綵買到墓地一方,南北長□□□□□□□三步八分一厘二毫五絲。東至青龍,西至白虎,南至朱雀,北至玄武。内方勾陳,管分擘四域。丘承墓伯,封步界畔。道路將軍,齊整阡陌,致使千秋萬載,永無殃咎。若有干犯,並令將軍亭長,縛付河伯。今備牲勞(牢)酒脯,百味香新,共爲信契,□財交相,各已分付。令工匠修塋安厝已後,永保休吉。知見人:歲月主。代保人:今日直符。故氣邪精,不得干□。先有居者,□□□□。若違此約,地府主吏,自當其禍。助葬主裹外存亡,悉皆安吉。急急如五帝使者女青律令。皇慶元年八月廿八日祭主馬聚。

九、元泰定四年(1327)王文義爲父母買地券

【解題】

甘肅省天水市張家川縣出土,順逆相間。具體出土情況不詳。

【資料出處】

張家川回族自治縣文物局、張家川回族自治縣博物館:《張家川金石録》,文物出版社,2018年,第49頁。

【校釋】

[1]原釋文:"治坊川惿人王文義,代爲父母□收,父母俱各在堂,年尊來□。"

按:"治坊川惿"文義不通,細審圖版,應是"右坊居住"。釋"代"有誤,應是"伏"。釋"來□"有誤,應是"未卜"。

[2]原釋文:"遂今日者。"

按:"今"應是"令",此亦是買地券釋文常見誤釋之一。日者,指風水先生。

[3]原釋文:"黽熒協從。"

按:釋"黽熒"有誤,應是"龜筮",指占卜。

[4]原釋文:"巽山吉元之原。"

按:釋"吉元"有誤,應是"吉穴"。成都温江區出土《南宋端平二年(1235)田宗道買地券》,上有"於此本鄉吉穴之原安厝"①,可爲佐證。

[5]原釋文:"買到墳地一所,長闊各九十步。"

按:"墳地"應是"墓地","九十"漏掉"九",應是"九十九"。

[6]原釋文:"吉日錢財交付天地神明今當。"

按:"吉"應是"即",當是排印錯誤。"今"應是"了"。

[7]原釋文:"先有君者,永避萬俚。"

按:"君"應是"居","俚"應是"里"。

[8]原釋文:"千地下有鬼。"

按:此釋有誤,應是"□干地下百鬼"。

【釋文】

大元國泰定四年歲次丁卯二月庚午朔月二十七/日丙申,秦州清水縣第一保右坊居住人王文義,伏/爲父母□收,父母俱各在堂,年尊未卜,長母壽/□,夙夜憂思,不遑所厝,遂令日者擇此高原,風/水朝迎,地占襲吉,龜筮協從,宜於本州本縣本治/本村巽山吉穴之原,地□爲宅兆,梯己用錢九萬/九千九百九十九貫文,買到墓地一所,長闊各九/十九步。東至青龍,西至白虎,南至朱雀,北至玄武。/内方勾陳,上至天蒼,下至黄泉。即日錢財交付/天地神明了當。財地交相,各已分付。牙保人:張堅/固、李定度。知見人:東王公、西王母。先有居者,永避/萬里。□干地下百鬼,不得侵奪。急急如/五帝使者女青律令。/右券付與收執付身照用。/

① 劉雨茂、榮遠大(成都文物考古研究所):《成都出土歷代墓銘券文圖録綜釋(上)》,第 473-474 頁。

十、明成化十八年(1482)王璽夫人賈氏買地券

【解題】

1979 年 3 月,四川省綿陽市平武縣古城鄉小坪山(原名奉親山)明墓 M2 出土。石質,近方形,長 28.5 釐米,寬 28 釐米,厚 2.5 釐米。上端委去兩角,正面左側豎刻:"太上符命,赤書玉文,濟度死魂,速符玉真,上生天堂,列簡仙名,/骨成藍玉,面有金英,太乙守屍,三官衛靈。忽然輕舉,上登/太清,土下大煞,死魂鬼精,敢有干符,亂甲神明,天丁把斧,斬鬼/戮形,山澤水風,火氣玉真,護魂守屍,返魂化生,/北斗金吒,落汝死名,飛雲玉轝(輿),朝謁/紫庭,一如/誥命,符到奉行。/太歲壬寅年三月初十日吉時誥下付亡人賈氏收執。"背面刻券文。

【資料出處】

四川省文物考古研究院、綿陽市博物館、平武縣文物保護管理所:《四川平武土司遺珍——明代王璽家族墓出土文物選粹》,文物出版社,2018 年,第 192 頁。

【校釋】

[1]原釋文:"遂令日者,擇此高原來去朝迎地,占襲吉地,屬古城奉親山之原,今遷子山午向,堪爲宅兆捹己,出備錢彩,買到墓地一方。"

按:主要是斷句有誤,應是"遂令日者,擇此高原,來去朝迎,地占襲吉,地屬古城奉親山之原,今遷子山午向,堪爲宅兆,捹(梯)己出備錢綵,買到墓地一方"。另外,原報告(193、194、195 頁)所載《明弘治十三年(1500)王鑒、朱氏買地券》《正德七年(1512)王鑰、劉氏、雷氏買地券》《正德七年(1512)王瀚、朱氏買地券》,三方地券釋文亦如此斷句,均誤。

出現誤斷的主要原因應是對宗教術語不太熟悉。"來去朝迎"是風水堪輿術語,其中"朝迎"本指朝砂和迎砂:能遮惡風,從龍擁抱是朝砂;外禦凹風,内增氣勢,繞抱穴前是迎砂。"地占襲吉",指經風水先生勘驗地形,多次占卜,獲得吉兆。"梯己",或作"體己",意謂自己、私人,此指家人私下裹出錢。綵,指彩色絲織品,故不應釋作"彩"。

[2]原釋文:"不得干吝。"

按:"干吝"有誤,應是"忓悋",指侵占、干擾。此亦是買地券釋文常見誤釋之一。

【釋文】

維大明成化十八年歲次壬寅三月己巳朔初十日戊寅,/四川布政司龍州宣撫司歿故亡人王宅賈氏,在陽原命壬辰相三/月初八日巳時生,喪於己亥年六月二十五日午時分,在家病故,享年六/十八歲,自亡之後,未伸安厝。遂令日者,擇此高原,來去朝迎,地占襲吉,地/

屬古城奉親山之原,今遷子山午向,堪爲宅兆,梯己出備錢綵,買到墓/地一方。左至青龍,右至白虎,前至朱雀,後至玄武。内方勾陳,管分擘/四域。丘丞墓伯,封步界畔,道路將軍,齊整阡陌,致使千秋百載,永/無殃咎。若有干犯,並令將軍亭長,縛付河伯。今備牲牢酒脯,百味/香新,共爲信契,財地交相,各已分付,令工匠修營安厝已後,永保休吉。/知見人:歲月主。代保人:今日直符。故氣邪精,不得忏恡。先有/居者,永避萬里。若違此約,地府主司吏,目(自)當其理直,自當其/禍。助葬主裹外存亡,悉皆安吉。急急如/五帝使者女青律令。/右券給付故孺人王宅賈氏正魂收執。/

十一、明萬曆三十二年(1604)蔡懋勳買地券

【解題】

2017年11月,南平市文物管理委員會辦公室、南平市博物館和延平區文體局等單位對南平市延平區西芹鎮明墓進行搶救性發掘,在墓葬南北室各出土一方買地券,北室者有陰刻朱書銘文,南室者未陰刻,朱書銘文基本脱落。其中,北室買地券,青灰磚質,形制同墓誌,方形,邊長30.5釐米,厚4.5釐米。誌文陰刻,竪讀16行,全文共計262字。

【資料出處】

南平市博物館、南平市延平區文化體育新聞出版局:《南平市延平區明墓清理簡報》,《福建文博》2018年第3期。

【校釋】

[1]原釋文:"四月廿九日。"

按:據拓片,"廿"字原作"念"。

[2]原釋文:"若有鬼神來侵占,將軍收斬不留。存□。奉女青真人律令。勑。"

按:據拓片,"存"後一字作"",應是"吾"。故本句應釋作"若有鬼神來侵占,將軍收斬不留存。吾奉女青真人律令勑"。

【釋文】

天皇皇,地皇皇,大明日月照王光。今據大明國福建延/平府南平縣長砂下里西芹鎮攀龍坊大街後居住,奉/神六壬弟子蔡宣,存命丙戌年七月初八日寅時受生,享/年七十八歲,不期於萬曆三十一年癸卯歲四月念(廿)九日/寅時在家辭世。於先年托得陰牙張堅固、李定度爲牙,用/錢九萬九千九十貫文,買得武夷王山一片。坐落本里三/門下墘壟,坐甲向庚,左至青龍,右至白虎,前至朱雀,後至/玄武。安葬宣亡棺,大吉昌,葬後子孫滿堂,發富發貴,發財/發福,厚置田庄。若有鬼神來侵占,將軍收斬不留存。吾奉/女青真人律令勑。

右給付六壬弟子蔡宣收執爲照。/萬曆三十二年癸卯歲二月日。立契人:武夷王(押)。/牙人:張堅固(押)、/李定度(押)。/見人:東王公(押)、/西王母(押)。/代書人:天上星(押)。/

十二、清康熙二十六年(1687)朱麟兆買地券

【解題】

北京朝陽區出土,石質。買地券長寬分别是67釐米,69釐米,券文有殘泐,左邊兩行不可辨識。券文四周刻"佳城永固""地道遐長""百子千孫""富貴□□"。券蓋長寬分别是67釐米,68釐米,上題"皇清誥授朝議大夫朱公麟兆,號石府君之墓",兩側分刻"似乾坤永久""如日月長明""穴道遐昌""癸山丁向"。

【資料出處】

北京市朝陽區圖書館:《北京市朝陽區圖書館館藏石刻拓片匯編》,中國書店,2018年,第260頁。

【校釋】

[1]原釋文:"□□□大清康熙二十六年歲次丁卯十月二十五日之吉。"

按:右起第一行原釋文未釋出,以缺字符號代替,實際上本行僅刻一字"維"。因此,前兩行釋文應爲"維大清康熙二十六年歲次丁卯十月二十五日之吉"。

[2]原釋文:"卜到吉□遷□□葬自備净錢九九之數兼五□□帛□"。

按:此行券文可補作"卜到吉壤,遷□□葬,自備净錢九九之數,兼五綵絲帛,於"。

[3]原釋文:"知見歲主丁卯,□□辛亥。代保:日直符庚午,時直符戊寅。左鄰人:東□公;右鄰人:西王母。驗契人:白鶴。書契人:□□□。"

按:本段券文主要描述買地券的見證人,拓片雖有石花殘泐,但均可辨識,原釋文多有缺漏。可校補作:"知見:歲主丁卯,月主辛亥。代保:日直符庚午,時直符戊寅。左鄰人:東王公;右鄰人:西王母。驗契人:白鶴[仙]。書契人:青衣童子。"

[4]原釋文:"故□□□母□侵欺。□□□□□避□□□□□□□。"

按:釋"母"有誤,應是"毋"。其他缺字多可辨識,應補作"故氣邪精,毋得侵欺。□□居者,永避万里。……"

【釋文】

維/大清康熙二十六年歲次丁卯十月二十五日之吉,/資爲/皇清誥授朝議大夫朱公麟兆,號石公府君,/卜到吉壤,遷□□葬,自備净錢九九之數,兼五綵絲帛,於/皇天后土處買

到龍子崗陰地一穴。左至青龍，右至白虎，前至朱雀，後/至玄武，上指/青天，下指黄泉，中穴一塊永爲陰宅。内方勾陳，外掌四域。丘承墓伯，封/步界畔；道路將軍，齊整阡陌。千秋萬歲，自無殃咎。安葬之/後，永保全吉。知見：歲主丁卯，月主辛亥。/代保：日直符庚午，時直符戊寅。左鄰人：東王公；/右鄰人：西王母。驗契人：白鶴仙。書契人：青衣童子。/故氣邪精，毋得侵欺。□□居者，永避万里。……/……/……/

通過校釋以上12方五代後蜀至清代買地券，可以看出對買地券行文格式的熟悉程度對校定買地券釋文有着至關重要的作用。有些買地券出土後泐蝕過甚，導致拓片不清；有些買地券是墨書或朱書，由於顔色脱落而導致圖版不清。辨識這些不甚清晰之處，就要結合買地券行文格式進行校釋。有些買地券由於書寫者或刻工文化水準不高，經常寫别字，或草寫，或用俗字，要考釋這些字，除了文字學基礎外，還要熟悉買地券常用術語，尤其是宗教用語。在當前已經公布的買地券釋文中，經常出現誤釋的，除了個别俗字外，就是宗教用語。如“”是“錢”的異寫形式，常被誤釋作“身”或“分”。“擇此高原，來去朝迎，地占襲吉”是買地券中常用堪輿術語，要注意如何斷句。“忓恡”常被誤釋作“忓悔”“干吝”，“五綵”誤釋作“五彩”，“令日者”誤釋作“今日者”等。綜上，提高買地券釋文的精確度，關鍵在於對買地券材料的掌握寬度和熟練程度。

The Proofreading of the Twelve New Land-purchasing Coupons

Li Mingxiao

Abstract: Land-purchasing coupons, mainly in the form of land deeds, are superstitious funerary objects placed in tombs in ancient China, which have important reference value for the study of Chinese religious history and folklore. In this paper, the explanatory proofreading of the twelve land-purchasing coupons from the Five Dynasties to the Qing Dynasty which were published in 2018 is mainly based on their rubbings and the idiomatic wording format of land-purchasing coupons in the same period to correct the misinterpretation, omission, text-free, sentence-reading and other aspects of the explanatory notes, and to annotate some important religious documents.

Key Words: Land-purchasing coupons 2018; New announcement; Proofreading

(李明曉，西南大學漢語言文獻研究所　重慶　400715)

宋遼金碑誌文字校讀札記*

何　山

摘　要：俗字繁蕪是古代石刻等寫本文獻的突出特點，一字多形、多字同用爲其典型表現。衆多俗變形體造成漢字字際、字詞關係錯綜複雜，容易引起正俗字和字詞對應的人爲誤判。科學考釋宋遼金石刻誤釋誤辨的訛俗字，既能爲漢字字用研究和碑刻文獻整理提供鮮活的實證材料，又能充實近代漢字及漢語漢字史等相關研究的具體内容。

關鍵詞：宋遼金石刻；俗字；例釋；近代漢字；漢字史

古字今用、文字假借、字形俗寫變異都是古代碑誌等寫本文獻的常見現象，又以後者最爲突出。一字多形、多字同用乃俗字繁蕪的典型表現，從側面反映出特定時期文獻用字面貌和漢字使用規律。衆多俗變形體導致字際、字詞關係錯綜複雜，容易引起正俗字及字詞對應的人爲誤判。石刻文獻有的用字現象特别是其中的訛俗字，如果不經過深入、細緻的考查，就難以回歸其正確的内部對應關係，一些疑難俗字甚至會成爲碑刻文獻釋讀、整理和研究的障礙。宋遼金碑刻仍有較多俗字，古今學者已進行系列考辨，並取得顯著成績。由於該時期部分碑别字俗變方式不合通常之例，訛變字形較罕見，難以準確辨識，有關釋文和文字編對這些字的認識亦無定論，因此，有必要作進一步研考。今擇取已有著述誤釋誤辨的九則宋遼金石刻訛俗字，對照拓本字形，充分利用已有碑别字書和碑誌釋文成果，進行科學考釋，試圖得出新的、更爲可靠的結論，以期爲漢字字用研究和碑刻文獻整理提供鮮活的實證材料，爲充實近代漢字及漢語漢字史等相關研究的具體内容盡綿薄之力。爲方便檢核，每條材料酌引碑誌原文，並在其後標明出處，再進行詳細考證。

---

* 本文爲國家社科基金項目“宋遼金元石刻異體字研究及新見字字形譜”(批準編號：15BYY115)、全國高校古委會項目“隋唐五代石刻新見字形整理及字譜編纂”(批準編號：1709)、中央高校重點項目(SWU2009224)階段性研究成果。

1.北宋端拱元年(988)《祖仲宣墓誌》:“次子宰哥,未⿰㕣乚年而亡。”①

拓本“⿰㕣乚”,《全宋文》②卷一三二、《宋代傳狀碑誌集成》③卷一九〇均録作“乩”。“乩”爲“卟”的俗字。《説文·卜部》:“卟,卜以問疑也。”段玉裁注:“《左傳》曰:‘卜以決疑,不疑何卜?’問疑,故從口。俗作乩。”《集韻·齊韻》:“卟,或作乩。”“卟(乩)”意爲占卜,即通過占卜問吉凶,與誌文所表墓主次子宰哥英年早亡的含義迥别。因此,“乩”與被釋字雖字形相近,但詞義與原文不諧,《全宋文》等“乩”字之釋不可靠。

先分析“⿰㕣乚”之構形。其左邊爲“召”之俗寫,《干禄字書·去聲》:“㕣⿱刀白召,上俗,中、下正。”“召”作“㕣”已成俗變通例,碑誌等寫本文獻經見,此不贅舉。其右邊爲構件“匕”。故待考字可轉寫作“⿰召匕”。《龍龕手鑒》收有“⿰召乚”字,其《乙部》云:“⿰召乚,徒聊反。”“⿰召匕”“⿰召乚”當爲一字之俗體。《漢語大字典》(下簡稱《大字典》)、《中華字海》等工具書也收列“⿰召乚”字,均直接轉引《龍龕手鑒》的内容,無釋義,亦無書證。“⿰召乚”“⿰召匕”又爲何字,尚需進一步考查。

誌文“⿰㕣乚年”應表年齡義,而“⿰召乚”音“徒聊反”,即音“tiáo”,與表幼童義的“齠”讀音相同,因而“⿰㕣乚”或爲“齠”之俗字。文獻中“齠”“齔”常連用,受兩者構形影響,書刻者遂取兩字之右半,組合成新的俗字“⿰召匕”④,或異寫作“⿰㕣乚”,或省筆作“⿰召乚”,讀音、意思與“齠”同。這樣的構字方式早有出現。《説文·辛部》:“𤔲,籀文辭从司。”换一種思路,因辭、詞均可表“文辭”義,如碑誌銘文常以“辭曰”“詞曰”提示之,故“𤔲”或可看作取“辭”之左半、“詞”之右半而組合成的新俗字,唐代墓誌即有用例。唐天寶元年《慕容相及妻唐氏墓誌》:“將永訣於泉扉,遽托⿰舌司於墨客。”“⿰舌司”即“𤔲”之俗字,通作“辭”。

“⿰㕣乚年”即齠年,齠齔之年,指幼年、童年。傳世文獻和出土墓誌有大量用例。《陳書·王伯山傳》:“第三皇子伯山,發睿德於齠年,表岐姿於丱日。”南朝齊《劉岱墓誌》:“君齠年岐嶷,弱歲明通。”唐《李紹墓誌》:“行立齠年,業隆冠歲。”墓誌原文“未齠年而亡”謂幼年夭亡。

可見,“⿰㕣乚(⿰召匕)”“⿰召乚”均同“齠”,字形、文意都相吻合,亦能找到文獻驗證,應爲確釋。該條材料爲考釋“⿰召乚”等字起到橋梁作用,亦爲“齠”字族增補了新成員,《大字典》等可據以補充釋義和例證。

2.遼會同五年(942)《耶律羽之墓誌》:“(羽之)次兄汙里⿱臤主,前北大王,東丹國大内相。”⑤

誌文“⿱臤主”已有録文或作“⿱臤王”,如《内蒙古遼代石刻文研究》(下簡稱《内蒙遼代石刻》)、

①北京圖書館金石組:《北京圖書館藏中國歷代石刻拓本匯編》,中州古籍出版社,1989年。

②曾棗莊、劉琳:《全宋文》,上海辭書出版社、安徽教育出版社,2006年,第7册第43頁。

③曾棗莊:《宋代傳狀碑誌集成》,四川大學出版社,2012年,第2896頁。

④如此説能成立,則字形“⿰召匕”實際上帶有“齠”“齔”二字的表意特徵。

⑤蓋之庸:《内蒙古遼代石刻文研究》,内蒙古大學出版社,2007年,第3頁。

《北部邊疆民族史研究》①(下簡稱《北部邊疆》);或作“□”,如《文物》②。各家僅以楷書筆畫轉寫原字形,而未明其實際所指。且待考字右上構件不論隸定作“夕”還是“女”,都與誌石原刻有較大出入。

先看拓本“□”字的構形。其下部爲構件“正”之草書,左上部爲構件“㇉”,右上部實爲構件“攵”。調查碑誌等寫本文字,“整”之俗體大致符合這些構形特徵。如唐《仙宫銘》之□、唐《王玄裕墓誌》之□、五代後梁《蕭符墓誌》之□,三例“整”的俗變字形均與“□”類似。

“□”是否確爲“整”字,還需進一步驗證。誌文該字爲人名用字,所指對象屬遼宗室成員,故可從史書尋找考查綫索。據史傳,誌主耶律羽之次兄名“耶律覿烈”。《遼史》卷七五列傳第五:“耶律覿烈,字兀里軫,六院部蒲古只夷離堇之後。父偶思,亦爲夷離堇。”“兀里軫”亦寫作“汙里軫”。對照誌文和史乘記載,墓誌言羽之次兄字“汙里□”,與《遼史》“兀里軫”對音,兩名號應指同一人,實爲同音異譯,則“軫”與“□”音同或音近。由此可斷,“□”就是“整”的俗字。《遼史》云:“神册三年,曷魯薨,命覿烈爲迭剌部夷離堇,屬以南方事。”誌文記汙里整曾任“北大王”,當即史傳謂覿烈所任之“迭剌部夷離堇”。《北部邊疆》(63頁)據史書和墓誌記載斷言:“東丹國設有政堂省及其大内相是應當肯定的。”而《遼史》本傳失載汙里整曾任“東丹國大内相”一職。

3.北宋太平興國三年(978)《張秉墓誌》:“封圻悉遂於□寧,士庶略無於搔動。”③遼統和十五年(997)《韓德威墓誌》:“疆埸□寧,寇讎畏服。”④

誌銘“□”,《宋代墓誌輯釋》釋作“居”⑤,《洛陽古代官吏事約》釋作“匠”⑥;“□”《内蒙遼代石刻》(121頁)釋作“庭”,《遼代石刻文續編》(下簡稱《遼文續編》)釋作“座”⑦,《遼上京地區出土的遼代碑刻彙輯》⑧(下簡稱《碑刻彙輯》)按原字摹録。從語境和字形看,兩個待考字當爲一字之俗體,但各家釋讀不一,所釋之字於文意難通,恐皆非。

辨識“□”“□”二字,關鍵在右下構件。遍查古代石刻等寫本字形,我們發現宋遼碑刻文字構件“氏”有作此形者。北宋《石熙載墓誌》“邸”作□;遼《孟初墓誌》有“賜其子實謙内供奉班□候”,又有“子實謙,内供奉班□候”,其中“□”“□”均爲“祗”之俗體。三字形中,“氏”的變體與“□”“□”之構件“□”如出一轍,則“□”“□”應爲“底”的俗字。底寧,安寧、安静。如晉潘岳《秋興賦(并序)》:“夙興晏寢,匪遑底寧。”

---

①孟廣耀:《北部邊疆民族史研究》,黑龍江教育出版社,2002年,第62頁。

②内蒙古文物考古研究所:《遼耶律羽之墓發掘簡報》,《文物》1996年第1期。

③洛陽市文物工作隊:《洛陽出土歷代墓誌輯繩》,中國社會科學出版社,1991年,第743頁。

④蓋之庸:《内蒙古遼代石刻文研究》,第117頁。

⑤郭茂育、劉繼保:《宋代墓誌輯釋》,中州古籍出版社,2016年,第43頁。

⑥楊作龍:《洛陽古代官吏事約》,朝華出版社,2007年,第21頁。

⑦向南、李宇峰:《遼代石刻文續編》,遼寧人民出版社,2010年,第35頁。

⑧劉鳳翥、唐彩蘭、青格勒:《遼上京地區出土的遼代碑刻彙輯》,社會科學文獻出版社,2009年,第10頁。

先分析“疆場底寧”。“疆”後之字拓片作“埸”,按照寫本文獻“易”“昜”相混之例,該字既可爲“場”字,也可爲“埸”字[①]。但據白居易《奉敕試邊鎮節度使加僕射制》“戎夷慴服,漢兵無西擊之勞;疆埸底寧,胡馬絶南牧之患”[②],《韓德威墓誌》撰文者或引白氏“疆埸底寧”之語而用典,故本文據此録“埸”作“埸”。《内蒙遼代石刻》、《白居易集》(唐・白居易著,顧學頡校點,中華書局 1979 年,第 3 册第 1003 頁)、四部叢刊本《白氏長慶集》均誤作“場”。《張秉墓誌》“封圻悉遂於底寧”一句强調封圻底寧,與“疆埸底寧”意思相同,均形容邊境没有戰事,天下太平,於墓誌文意甚暢。

古代碑誌文字構件“氏”俗寫作“互”“彑”及其變體已成通例。如“邸”,隋《寧贙墓碑》作𨚜,隋《邸仕詢造像記》作𨚜;砥,隋《劉琬華墓誌》作砡;低,北齊《魯思明等造像記》作“伍”,隋《張盛墓誌》作伍。宋代以前罕見“氏”變異作“𠀋”的字例,北魏《元廣墓誌》“砥”作砡,唐《興寺碑》“底”作庢,其訛變構件“氏”與“𠀋”近似而有所不同。故“庢”“庢”“邸”“祗”等乃“底”“邸”“祇”等字新的俗變形體,反映了宋代以後構件“氏”形體俗變呈現出新的時代特徵,具有重要的研究意義。明《關侯廟碑》:“檢討周如砡、區大相、林堯俞。”“砡”即“砥”,其部件“氏”延續了宋以來的俗寫形式。

4.遼統和二十六年(1008)《耶律元寧墓誌》:“以其族系北大王府,始壯歲,𨽾於府下。屬南夏作梗,皇朝出師。”[③]

拓本“𨽾”,《碑刻彙輯》(284 頁)、《遼文續編》(43 頁)、《内蒙遼代石刻》(201 頁)均摹録原字形。該誌銘下文有云:“自𨽾於北府,至官於中省,向四十年,歷八九任。”其“𨽾”字各書亦摹寫之。碑刻文獻整理者常按原樣轉録一些疑難字形,如能做到準確真實,可提供字形原貌,於文字研究有一定作用,但文字釋讀問題仍未解決,因爲辨認摹寫文字,還有很多工作要做,一旦疑難字辨認錯誤,則直接影響文獻整理效果,如《内蒙遼代石刻》就將前引誌文斷句爲“以其族系北大王府,始壯歲𨽾,於府下屬。南夏作梗,皇朝出師”,著者大概不明待考字而點破文句。如果摹寫失真,改變了文字原樣,則容易以訛傳訛,嚴重的還會誤導文獻使用者。因此,碑刻文獻整理應儘量考辨出訛俗字所對應的通行正字,這樣於文史等相關研究都會有好處。

上述兩字形“𨽾”實爲“隸”之俗字,誌文表隸屬義。辨識該字關鍵在左上構件,難點亦在此。碑刻“隸(隸)”左邊多變異作“上”與“天”或“夫”的組合體,右邊常作“⺼”“𣎆”等,如北魏《侯掌墓誌》之𨽾,北魏《于纂墓誌》之𨽾,唐《郭壽墓誌》之𨽾。“𨽾”中的構件“止”,應通過增繁俗寫構件“上”而生成。可見,把握文字變異規律和字形變異通例,是準確釋讀碑刻俗字的門徑,也是正確辨析字際關係的基礎。

---

①參看曾良《“盼望”、“疆埸”俗變探討》,《中國語文》2008 年第 2 期。

②(唐)白居易《白氏長慶集》,文淵閣四庫全書本,卷七四。

③劉鳳翥、唐彩蘭、青格勒:《遼上京地區出土的遼代碑刻彙輯》,第 10 頁。

5.北宋重和元年(1118)《韓純彦夫人孫氏墓誌》:“我作銘詩,慰其後⿱日弟。”①

銘文“⿱日弟”與“最”的俗體極爲相近。後者如唐《苑玄亮墓誌》作最,南宋《吕頤忠六洞詩》作最,明《金剛般若經碑》作最。但“後最”不詞,意思費解,與碑誌文辭例亦不相合,故該字並非“最”字。《安陽韓琦家族墓地》(下簡稱《墓地》)將“⿱日弟”録作“⿱日宋”,下部構件“弟”被轉寫爲“宋”,有失原貌,而釋録者未予説明,不知何因。不過,因“⿱日宋”與“晜”形近,《墓地》(100頁)之釋爲我們提供了新的研究思路。

依碑銘常見辭例,被釋字應爲“昆”。後昆,指後嗣、子孫,碑誌文經見。如西晉《郛休碑》:“爰勒金石,永昭後昆。”隋《李君妻王沙彌墓誌》:“乃鐫盛德,貽諸後昆。”武周《甘元柬墓誌》:“垂代業於後昆,永芳塵而無昜。”“昆”或作“晜”,《廣韻·魂韻》:“晜,同昆。”衹因誌石文字構件“弟”草寫,加之刊字者不明書者意圖而訛刻,於是“晜”訛變作“⿱日弟”。

類似訛誤字形,碑誌原刻不在少數。每種訛刻形體僅偶爾出現,字書一般無載,給碑文釋讀、整理造成了障礙。辨識這類字形需緊密結合其所在語境、碑誌文例和刊刻狀況進行綜合考查,方能得出比較可靠的結論。碑刻文獻整理也應特别留意其中的誤刻文字,有兩種較爲穩妥的處理辦法:其一,徑改石刻銘文的誤刻字,然後加注詳細説明,最好闡明判斷原文錯誤的理由,這樣便於不同領域學者利用碑誌材料從事跨學科研究,同時又能提高碑刻文獻整理的科學性;其二,嚴格按石刻字形原樣移録銘文,以保持文獻原貌,然後加注分析原刻錯誤,指出正確的文字,經過這樣處理,使用者可借助注釋判斷正誤得失,從而科學有效利用石刻材料。

此條考釋意在説明,碑誌這種原發性“文字偶誤”現象客觀存在,文獻釋讀要注意科學考辨,文字研究要注意區别對待。

6.金大定二十年(1180)《大昊天寺妙行大師行狀碑》:“又□□□擇名馬萬匹入進,所得回賜,亦歸寺門。”②

碑拓“亦”,《遼寧省博物館藏碑誌精粹》(下簡稱《精粹》)(287頁)、中華書局本《全遼文》卷十、《全遼金文》③、《北京佛教史地考》(下簡稱《史地考》)④、《遼代石刻文編》⑤、《中國婦女通史·遼金西夏卷》⑥、《新編續補歷代高僧傳》⑦、《北京歷史文化遺産集論》⑧(下簡稱《遺産集論》)等均録作“示”,還有一些轉録或注引此碑銘的著述亦同。

---

①河南省文物局:《安陽韓琦家族墓地》,科學出版社,2012年,第100頁。

②王綿厚、王海萍:《遼寧省博物館藏碑誌精粹》,文物出版社,2000年,第219頁。

③閻鳳梧:《全遼金文》,山西古籍出版社,2002年,第616頁。

④包世軒:《北京佛教史地考》,金城出版社,2014年,第40頁。

⑤向南:《遼代石刻文編》,河北教育出版社,1995年,第586頁。

⑥方建新:《中國婦女通史·遼金西夏卷》,杭州出版社,2011年,第88頁。

⑦趙超:《新編續補歷代高僧傳》,社會科學文獻出版社,2011年,第310頁。

⑧包世軒:《北京歷史文化遺産集論》,北京燕山出版社,2011年,第97頁。

依行狀碑前後文叙述,入進名馬上萬,然後將所得回賜"示歸寺門",表意含混,邏輯不清,表明"亣"作"示"非爲正解。再調查石刻"示"字主要俗變形體:東漢《趙君墓碑》作禾,北魏《王翊墓誌》作木,東魏《杜文雍等十四人造像記》作示,未見右下作兩點的字形。由此可知,"亣"非"示"字。

其實,"亣"乃"亦"的俗字。書刻者常改變"亦"上下構件寫法,上部"亠"或變異作"𠂉",下部或變成一豎筆、三點畫,於是整字變異作"尒",見北魏《李蕤墓誌》;有時將"亦"下部異寫成一豎鈎、三點畫,整字即變作待考字"亣"。東魏《元融妃盧貴蘭墓誌》:"亣既有行,來儀朱邸。"原刻"亣"與"亣"構形相同,應是"亦"之俗字無疑,《漢魏南北朝墓誌彙編》[①]《磁州北朝文化》[②]録文均作"示",疑皆因形近而誤。北魏《于神恩墓誌》:"即從清廟,亣轉朱輦。""亣"也應爲"亦",《新見北朝墓誌集釋》[③]誤作"示"。

通過多方面例證,上述考釋大致揭示出寫本文獻"示""亦"兩字俗變的基本通例,即字形右下作兩點畫的應是"亦"字,而非"示"字。此乃區分"示""亦"之俗體的關鍵特徵。寫卷 P. 2160《摩訶摩耶經》卷上:"在世亦復失好名稱。"甘博 003《佛説觀佛三昧海經》卷第五:"得一微火爆我身者,不亦快乎?"[④]兩"亦"字均作"亣",可爲佐證。

7.金大定二十年(1180)《中都大昊天寺妙行大師碑銘并序》:"清涼十願,𠦜又過之。"[⑤]

碑銘刻於《大昊天寺妙行大師行狀碑》碑陰,《全遼金文》(619 頁)、《史地考》(42 頁)、《遺産集論》(99 頁)均附載此篇碑文。拓本"𠦜"三書録文均作"今",雖文意可通,但字形相差甚遠,不取。諦視被釋字,字形帶有隸古定特徵。考釋該字,需全面調查古文字材料。我們仔細梳理甲、金、小篆、石經古文等發現,"𠦜"實爲"師"字,考辨如下。

師,甲骨文作𠂤或𠂤;金文《盂鼎》作𠂤,《傅卣》又加形作師,改變線條書寫形式,《石鼓文》作師;《説文》小篆作師,左邊構件位移;《三體石經·僖公》作𠦜。關於"𠂤"到"𠦜"之形變,商承祚先生曾有過精闢論述,其《〈説文〉中之古文考》云:"師,甲骨文作𠂤,金文同。金文又作師,篆文同。石經之古文作𠦜,乃將𠂤移上横寫。"所論完全符合古文字形的演變序列。《説文·帀部》:"𠦜,古文師。""𠦜"乃"𠦜"之訛變字形。"𠦜"隸書作"𠦜",楷書作"𠦜"。《玉篇·巾部》:"𠦜,古文師字。"碑拓"𠦜"爲"師"字無疑,碑銘"清凉十願,師又過之"亦文從字順。

---

①趙超:《漢魏南北朝墓誌彙編》,天津古籍出版社,1992 年,第 371 頁。

②孔令德:《磁州北朝文化》,磁州文化叢書編委會,1998 年,第 557 頁。

③王連龍:《新見北朝墓誌集釋》,中國書籍出版社,2015 年,第 60 頁。

④黄征:《敦煌俗字典》,上海教育出版社,2005 年,第 495 頁。

⑤王綿厚、王海萍:《遼寧省博物館藏碑誌精粹》,第 220 頁。

8.金大定二十年(1180)《中都大昊天寺妙行大師碑銘并序》:"定慧等學,經論俱通。□妄交徹,理事圓融。以如幻力,建大梵宫。"[1]

碑拓"□"可轉寫作"□"。已有著録成果釋讀該字存在如下問題:缺釋,如《史地考》(43頁)、《遺産集論》(99頁);摹録,如《全遼金文》(620頁)摹作"□";誤釋,如《精粹》(288頁)録作"直",易克中《妙行大師碑銘注釋》[2]釋作"非"。

此謂"□"乃"真"的隸古定字,衹是其下部構件帶有隸書風格。真,《説文》古文作□,《説文·匕部》:"□,古文真。"唐《碧落碑》作□,傳抄古文還有"□""□""□""□"等變體[3],其上部均爲構件"匕",即古文"□(殄)"之變[4],上述《全遼金文》轉寫作"止",轉寫失真。"真妄交徹"爲佛教用語,見於唐釋澄觀《大方廣佛華嚴經疏》:"真妄交徹,即凡心而見佛心;事理雙修,依本智而求佛智。"[5]《妙行大師碑銘》當引此語典。"真"爲重要的佛教觀念,與"妄"相對。因此,考釋"□"字有助於相關宗教詞語和碑刻文獻的解讀。

9.南宋紹興二十一年(1151)《姚安禮妻陳氏墓誌》:"曰宏,嘗再預薦送,□友之士也。"[6]

拓本"□",《新中國出土墓誌》(重慶卷)釋作"學"。調查字書及寫本文字,我們未發現"學"上部變作"□"的字例。除字形懸殊外,"學友"於文意亦不通,故該字定非"學"字。

今謂"□"爲"孝"字。孝,從老省,從子。隋《牛諒墓誌》:"内崇□道。""□"爲"孝"的隸古定字。隸書"孝"常作東漢《白石神君碑》之□、隋《蕭瑾墓誌》之□等。"孝"之構件"耂"或變異作"□",如唐《楊孝恭碑》"孝"作□。"□"則在融合"□""□"等字寫法的基礎上,將上部横、撇兩畫連筆書寫,形成新的構形特點,故不易辨識。此墓誌前文云:"逮還,母泣以别。論者以爲純孝所召,有以導前日之行也。""孝"作□,其寫法可與"□"比勘。

從文意上看,"學友"指同學,與誌文表意不符。"孝友"意爲孝順父母、友愛兄弟。《詩·小雅·六月》:"侯誰在矣,張仲孝友。"毛傳:"善父母爲孝,善兄弟爲友。"我國自漢代始有舉孝廉的選官用人方式,因陳氏之子姚宏爲"孝友之士",故"嘗再預薦送"。該詞墓誌文習見。如東漢《張遷碑》:"君之先出自有周,周宣王中興,有張仲,以孝友爲行。"唐《于君妻韋耶書墓誌》:"孝友温恭,言容淑令。"北宋《楊繹墓誌》:"而孝友之德,出於天性。"可見,釋"□"爲"孝",文從字順,可爲定論。

---

①王綿厚、王海萍:《遼寧省博物館藏碑誌精粹》,第220頁。
②易克中:《妙行大師碑銘注釋》,政協北京市石景山區委員會編《石景山文史》第十輯,2004年。
③徐在國:《傳抄古文字編》,綫裝書局,2006年,第808頁。
④季旭昇:《説文新證》,臺灣藝文印書館,2014年,第643頁。
⑤(唐)釋澄觀撰,于德隆點校:《大方廣佛華嚴經疏》(上册),綫裝書局,2015年,第1頁。
⑥中國文物研究所:《新中國出土墓誌·重慶》,文物出版社,2002年,第218頁。

Notes on Proofreading of Epitaphs of the Song, Liao and Jin Dynasties

He Shan

Abstract: The redundancy of folk characters is the most prominent characteristic of ancient stone inscriptions and other handwritten texts. Two of the embodiments of this characteristic are the polymorphism of one word and the co-use of many characters. Too many popular variants not only make the relationship complicated and confused between characters and words, but also easily lead to the misjudgement of the correspondence between folk characters and standard characters, as well as between words and characters. Scientific textual research on the nine erroneous and vulgar characters misinterpreted and misidentified on epitaphs of the Song, Liao and Jin Dynasties, can provide vivid empirical materials for the study of Chinese characters and the editing of inscription documents, and enrich the specific content of the relevant research on modern Chinese characters and the history of Chinese characters.

Key Words: Epitaphs of the Song, Liao and Jin Dynasties; Folk characters; Explanation with examples; Modern Chinese characters; The history of Chinese characters

(何山,西南大學漢語言文獻研究所　重慶　400715)

金石學家關伯益未刊手稿十五種綜議

宗鳴安

摘　要:關伯益,號益齋,河南開封人,民國時期著名的金石學家、考古學家。曾任河南省博物館館長,後受聘西北大學任教授。先後出版著作數十種,文章近百篇,其中《新鄭古器圖録》《伊闕石刻圖表》《殷墟文字存真》《益齋金石文字存》等,在當時學術界有很高的評價。本文所介紹關伯益先生未刊書稿十五種,皆爲1945年之後關先生在西北大學任教時所整理、著述的,包括歷史、考古、金石諸方面的内容,這是關伯益先生學術研究第二個高潮期的結晶。這些未刊稿一度瀕臨消散,筆者幸得搜集保存,顯得尤爲珍貴。現提要介紹手稿内容,必將有助於了解關先生的學術方法、學術思想,同時也有助於了解關先生的人生經歷,從而讓學界關注和重視這批重要的文獻材料。

關鍵詞:關伯益;金石學家;石刻藝術;學術史

關伯益原名關葆謙(1882—1956),字伯益,又作百益,號益齋,以字行。河南開封人,清光緒三十三年(1907)入京師大學堂受教於羅振玉等國學大師。據關伯益《益齋所得所見古陶圖録序》中言,他"民國元年(1912)畢業於北平大學",即舊時的京師大學堂,此後數年曾在北京幾所學堂任校長。民國十六年至民國十七年間應羅振玉招,前往天津爲羅振玉出版《王國維全集》做整理校對工作。民國十八年應邀回河南編纂《金石志》。關伯益先生曾寫一短文,記其自天津歸河南時,行李中帶回羅振玉《增補殷墟書契考釋》稿本及《修正王國維先生宋及國朝金文著録表》稿本事。檢《王國維年譜長編》,1927年6月2日王國維先生已經去世,未見有文字提及此事,羅振玉在《永豐鄉人行年録·六十二歲》中曾言道:"静安未逝前,曾將其近年新著研究遼金元史諸文追補入集,溢出原著四之一。至時,鄉人與其弟子海寧趙斐雲萬里復就其家,搜討而整比之,訂爲四集,付博愛工廠陸續印行。命子福葆、福頤及開封關伯益葆謙司校理。伯益,鄉人長農科大學時弟子也。"羅振玉及關先生此段文字或可補王國維年譜之闕。關伯益先生歸河南後,歷任河南省立師範學校校長、河南博物館館長、河南通志館編纂、河南水災防救處處長等。以一個學者身份何以擔任"水災防救處處長”一職呢？待我們讀到關伯益《豫變記實詩並注》時便會了解到其中的原委。

1945 年抗戰勝利後，關伯益經陝西辛亥首義者之一的張鈁先生介紹，受聘於西北大學任教授。時西北大學爲避日寇騷擾轉移到了陝南城固縣，1946 年 6 月始遷回西安城外西南角現址。1987 年西北大學出版社出版的《西北大學校史稿》中介紹回遷西安時各系的情況時説："歷史系主任由馬師儒院長兼任，教授有周傳儒、許重遠、馮永軒、關伯益、王子雲等多人。其中關伯益教授研究古學有素，抗戰前在開封河南省立博物館任内，著有《河南金石志圖》《伊闕石刻圖表》《新鄭古器圖録》等書，久已膾炙人口，蜚聲藝苑，曾受聘爲倫敦展覽會審定銅器顧問。關先生來西安後，新編《四字石硯齋硯譜》上中下三册。該書根據周鳳鳴君搜藏之歷代硯石編輯而成，注重中西文化之溝通，闡揚中國文化之淵源，乃硯譜之佳作。"

在中國近代學術史上，衆星閃爍、著作豐厚，大有春秋戰國時期諸子百家争鳴之形勢，爲後來的中國學術研究開創了新天地，同時也奠定了堅實的理論基礎。大名鼎鼎的學者有王國維、羅振玉、于思泊、胡厚宣、董作賓以及胡適之、傅斯年、錢穆、顧頡剛、郭沫若、楊樹達，等等。此外，還有衆多在各方面亦有所成績、有所創見的專家如辛樹幟、李儼、黄文弼、鄭振鐸，以及坊間流傳的所謂羅振玉的四大弟子商承祚、容庚、唐蘭、關伯益等。但在這些前輩學者之中，關伯益的名字何以長久地被人們遺忘，他的學術地位與學術價值何以長久地被人們忽視，筆者認爲，出現這種情況大約有這樣幾個原因：

第一，關伯益先生學術研究的論文、著作，問世的第一個高峰期是民國十八年(1929)《新鄭古器圖録》出版之後，到民國二十九年《關伯益金石文存》輯成。在這時期内，關伯益先生完成了近十部著作，如《方城幣譜》《義州盟刀譜》《漢熹平石經殘字譜》《泉影》《河南金石志圖》《鄭塚古器圖考》等，另有數十篇論文、跋序發表，在當時的學術界引起了很大的反響。但是，由於戰争的原因，關先生有些著作的刊行連他自己都没能見到，如《鄭塚古器圖考》完成於 1928 年，後將此書交由中華書局出版，抗戰時中華書局搬遷至昆明，至 1940 年才由美商和寧公司在昆明印刷發行，而關伯益本人至 1948 年去甘肅考察時方在蘭州大學圖書館見到。這一時期關伯益先生的文章、著作雖然很多，但是由於戰亂，並没有得到廣泛的傳播與重視。

第二，民國二十七年至民國三十四年。這八年由於日寇占領了開封，關伯益先生身在淪陷區，除了設法保護不能搬遷的文物，還得與日僞政權周旋，以保證開封文物與自身的安全，所以，在這八年裏，關先生幾乎没有什麽新作出版。《益齋金石文存》也是文化傳薪社感抗戰以來"益齋文物飄零殆盡"，將其"僅存者集成册"在上海印刷，方使得這些文章能够保存傳世。

第三，1945 年關伯益先生受聘到西北大學任教授，在西安的這十幾年時間，應該是關先生一生最爲安定的一段時間，也是他學術研究成果頻出的第二個高峰期。這一時期，關伯益先生整理舊稿集結成册，梳理資料寫成新書，以目前我們所能見到的未刊手稿就達十五種之多，學術價值之高、研究範圍之廣、研究力度之深都是前所未有的。遺憾的是這些著作幾乎没有一種正式發表過，今天的讀者、研究者當然就不可能了解到關伯益先生的研究水平，更無論利用他的研究成果了。

第四，關伯益先生自 1945 年離開開封，至 1956 年去世，就再没有回到過河南開封。時至今日有七十多年的時間，昔日河南的師生舊友早已不復存在。20 世紀 80 年代後期，河南地區的文史刊物偶有關於關伯益先生的文章，也多是從他保護文物、書法出色方面來評論的。由於關先生離開河南地區時間太久，可以説河南學界的許多人都已經不甚了解他的學術貢獻了。

1945 年關伯益先生來到西北大學後，教學、研究成果斐然，可惜的是戰爭並没有結束，社會生活也没有完全地安定下來，社會經濟也没有太大的發展，關伯益先生雖然整理、新著了多部有價值的著作，除了部分章節在當時西北大學校刊上發表之外，大多數著作都不爲後人所知。更可惜的是，1949 年後，關伯益先生數度中風，雖堅持用左手寫出數篇研究文字，但隨着病情加重，以至癱瘓在床，直到去世就再也未能從事教學與著述立説了。經過數次政治運動，50 年代、60 年代、70 年代，西北大學、西安學界早已忘記了曾經有這樣一個學者。查西北大學現在的檔案館，裏面根本没有保存關伯益先生的檔案資料，圖書館也並没有陳列幾本關伯益先生的書籍。如此這般，今天的讀者就很難了解、研究、利用關伯益先生的學術成果，很難重視關伯益先生的學術價值。

還好，關伯益先生部分未刊的遺作手稿在沉寂了數十年之後，最近終於有人要開始整理了。“一個國家，一個民族，不能没有靈魂”，我們期待着關伯益先生的學術思想、學術價值再度重現於世，期待着有益於新時代的學者與後生，讓我們的靈魂裏充滿着中華優秀文化與人格自信吧。

下面我們將關伯益先生手稿遺存以提要形式逐一介紹，使讀者、研究者在閱讀之前對原著有一個大概的了解。由於關伯益先生有一部分著作無法確定準確的寫作年代和時間，所以，這裏就依史學研究、金石考古研究等内容作爲次第，並不一定按寫作的時間來排列，這樣或能更便於讀者、研究者有所側重和選擇。

一、《中國革命史》

由手稿上所粘貼的一頁舊日曆以及日曆上的題字可知，1949 年 7 月 11 日，關伯益先生以病體完成了這一部幾乎是他絶筆的著作——《中國革命史》。

全書共分爲六個章節，即：

第一章　中國未有革命以前及發生革命之朕兆
第二章　由諸侯起革命者湯、武、秦
第三章　由平民起革命者,漢、明
第四章　由將相大臣而革命者,魏晉宋齊梁陳,齊周隋,唐梁唐晉漢周宋(五代十國)
第五章　由外夷擴地而革命者,北魏、遼、金、元、清
第六章　受世界潮流而革命者,民國以來

關伯益先生此書提綱挈領、簡明扼要地把中國歷史的變革做了一個系統概括,讓一般讀者能便捷地、一條綫索地了解中國歷史的發展。

關伯益先生寫此書時正值社會變革之中,堅持完成了這部將近萬言的小書。或許西北大學要開這樣一門歷史課,請先生寫一提綱,或是面對社會變革先生有感而發。今天的讀者不能僅僅把這本《中國革命史》看作是關伯益先生的一部史學作品,而是應該换個角度,從中了解到那個時代學者的生活狀況、思想方式,以及造成這種狀況的原因,由此才能清楚這一學者的學術思想來源與學術研究方法,這大約就是文獻學研究的基本意義吧。

二、《中國史部目録學》

關伯益這部手稿初成於 1947 年,全書約六萬字,分七册。以每册封面上的題字順序看,似乎闕佚第一、二、六、七、十等幾個章節;但從内容上來看,似乎却是完整的。此部手稿封面上雖題爲《中國史部目録學》,但全部書稿却包含了兩個部分的内容。

第一,《中國史部目録學》。史部目録按内容分類,有"正史類""別史類""雜史類""地理類""史鈔類"等,涉及二十四史及其之外的史書内容,特别是與正史的區别點,這些内容對研究中國歷史、中國古籍版本目録學都有很大的啓發性。此部分談及的古代書籍已很少見有記録了,如《隆平集》《兩漢博聞》《西夏事略》《邃古記》《國殤記略》等,這些書目於版本學研究有重要的參考價值。細讀關先生《中國史部目録學》所寫的古籍提要,内容並非完全來自《四庫全書總目》,也並非轉自《越縵堂讀書記》等近代書志,而是關伯益先生自己研究了這些古籍後所作。比如介紹《隆平集》:"《隆平集》,二十卷。舊題曾鞏撰,然鞏《本傳》《行狀》《神道碑》皆無此集,或疑非鞏所作。是書紀太祖至英宗五朝之事,體例似《會要》,又立傳。自北宋之末已行於世,雖不出於鞏,要爲宋人之笈也。"文字簡潔意賅,説明、考證、論述,大要皆備,這才是學問家的寫作水平。

第二,《中國史學研究》。這一部分包括四個方面的内容:

(1)中國史學從何時開始述説。在這部分内容中,關伯益先生根據中國史書的記載,同

時吸收了現代史學家王國維、顧頡剛、錢穆、郭沫若等人的研究方法,以及西方人類學家摩爾根(手稿中寫作莫爾根 A·Margam)《古代社會》中的觀點,論説廣博而深入,讓人耳目一新。

(2)漢魏南北朝之史學。這一部分主要以傳統史書爲例,研究叙述歷史的方法、體例,以及歷史事實真僞的辨别等。

(3)唐宋以來之史學。南北朝以上的史書多由私修,而唐宋以來的史書則多官辦。所以,唐宋以來的史學自有其特點,關伯益先生以圖表、專論的形式,讓讀者了解了唐宋以來史學研究的重要人物、重要著作以及他們的研究方法與特色。

(4)紀傳體之史學。此部分主要講《史記》的研究,將《史記》與《漢書》做比較,進而認識《史記》的寫作動機、背景、方法,可看作是研究《史記》、閲讀《史記》前的導言或提示,對今天的普通讀者和專業研究者來説,都有一定的參考價值。

三、《文根》

1924年春,關伯益先生感於後生小子寫作無法,遂選《左傳》《公羊》《穀梁》《論語》《孟子》中短章精品,細加評論,"有裨初學者,以爲根基",故稱此書爲《文根》。作爲一位史學家、金石學家,不能爲文、不懂爲文,將寸步難行。讀關先生此書,我想,無論對專業文史研究者,或是文史專業的學生來説都是有一定益處的。此書選文精當,評論確切,對於今日學習古文者不僅有寫作、欣賞上的指導作用,而且能簡要地了解《左傳》《孟子》《論語》等經典古籍的要旨。如評《左傳·衛文公中興》一節云:"左氏文每於參差錯落中見精彩。此兩文獨字字對,句句對,節節對。不僅不嫌板滯,反覺意味深長,是乃筆法精彩所致,大家文章真無所不有也。馮天閑云:'煉語至簡而有汁漿,神味足耳。'讀此文者,當於'汁漿'二字上細加咀嚼方能領此神味也。"

寫作水平是靠閲讀、思考、寫作訓練來提高的。在閲讀上前人爲我們留下了許多經典讀本,比如《古文觀止》,比如金批《才子書》。當然,關伯益先生的《文根》無疑也是一個佳本。此書所選皆爲中國古代經典史籍上的文字,讀此《文根》不僅可以提高寫作水平,對於簡要地了解中國古代歷史事件、歷史人物亦是大有益處的。

此書手稿約六萬字,手稿書法之精,即使作爲書法臨習的範本,亦足稱爲楷模,這也是關伯益手稿的重要特色與價值之一。

四、《金石分類考》

根據此部手稿書法的特點、字形可以推斷,此部書稿爲關伯益先生 1949 年至 1950 年間第一次中風病疾恢復後,用左手所寫成的著作,或有可能這是他一生最後一部手稿。現存手稿包含三部分内容:第一,金類,包括金屬器皿、錢幣類;第二,石器類;第三,陶瓷類。從手稿上存留的標題來看,似乎關伯益先生還擬寫其他方面的内容,或是因故而止,或是原稿有缺佚。但目前我們所見到的金器、石器、陶瓷三個部分内容應該是完整的。

金類第一章首先講"金之種類及銅之配合",從古代史籍、筆記文中考出中國古代青銅器的配方與冶煉工藝。這對後人了解古代青銅器材質的構成,鑒别青銅器的真僞都有很高的參考價值。

第二章講"中國古代銅器盛行的時代和原因",由銅器的特質出發結合中國歷史文化,分析銅器盛衰的原因。

第三章講"商周二代銅器的區别",可以稱爲技術性的、實際經驗的論説。從銅質、重量、造型、銹色、紋飾、文字刻鑄特點諸方面,來考察商周乃至春秋時代青銅器的不同特色與區别,這種既能引經據典,又能從實際經驗中引發議論的文字是 20 世紀初王國維、羅振玉等學者"二重證據法"與"實證派"理論的典型繼承。讀此文不僅能提高學問,而且能增廣見識。所謂"二重證據法"即王國維先生在《古史新證》中所言的:"吾輩生於今日,幸於紙上之材料外,更得地下之新材料。由此種材料,我輩固得以補正紙上之材料,亦得證明古書之某部分全爲實録,即百家不雅訓之言,亦不無表示一面之事實,此二重證據法,惟在今日始得之。"在關伯益先生的文字中,我們會時時感到這一理論的運用。

第四章講除鐘鼎禮器之外的其他青銅器物,包括這些青銅器物的形狀、作用、名稱來源、分類,等等。

第五章講銅器的鑒定,通過分析古代銅器的鑄造方法、觀察銅器的色與味等細節來鑒别古代青銅器的真僞。這些方法有關伯益先生本人從事考古發掘、研究的經驗,也有從古書上見到的記載。當然,正如作者所説,自來雜記中對以下諸章(指銅器鑒定)論者頗多,有合理者,有不合理者。因爲古人對事物的分析並不一定都符合科學道理,特别是對於自然科學方面的知識,一般學者並不能明白其中的原理。這樣就不免加入人云亦云的成分。所以,讀前人關於這方面的文字還要有所取捨分析才行。關伯益先生在《古銅器造僞》一節中引用古書的記載,並結合自己的經驗,專門講"古銅器造僞鑒别法",這部分文字無論是對於研究銅器藝術史,還是研究出土歷史文獻,無疑都有重要的指導意義。出土與傳世文物、文獻不一定都是真實可靠的,這也是當年學術界提出“疑古”的意義所在。王國維先生在《古史新證・總論》中曾經講過:“研究中國古史爲最糾紛之問題。上古之事,傳説與史實混而不分。史實之中,固不免有所緣飾,與傳説無異。而傳説之中亦往往有史實爲之素地,二者不易區别,此世界各國之所同也。在中國古代已注意此事,……至於近世,乃知孔安國本《尚書》之僞,《紀年》之不可信。而疑古之過,乃並堯、舜、禹之人物並疑之。其於懷疑之態度及批評之精神不無可取。”因此,在歷史學研究上既不必“走出疑古”,更不能“終結疑古”。“疑古”對於研究者深入考究歷史事實有很强的驅動力,同時也能排除歷史研究方面的其他干擾因素。當然,歷史研究者在採用“疑古”的研究方法時要有一定的自控能力,以免形成偏執與極端的思維模式。避免這種情況的出現,就要求研究者必須具備多元的知識結構與見識、科學的研究方法以及良好的文化修養。所以,我們不僅不應該放棄“懷疑之態度及批評之精神”以及“大膽假設,小心求證”的研究方法,更應該具有“正反的二重皆有可能”的研究理念。由此,我們才能够把控新出現的歷史文獻與前人記載的異同點,分析出歷史事實的可能性。因此,我們認爲“疑古”是歷史學研究的一種方法,但它不是歷史學研究的全部手段和方向。

關伯益先生曾經寫過數部關於古代貨幣研究的著作,所以,關先生在寫《金類第二》部分“錢幣類”時,就輕鬆了許多,博引旁徵,將古代錢幣的製造過程、流傳方式、歷史錢幣的特點,以及相關的歷史事實娓娓道來,使讀者不僅了解了中國古代錢幣的發展歷史、工藝製作。同時,也以此綫索了解了錢幣與中國社會歷史發展的關係。《隋書・食貨志》:“高祖既受周禪,以天下錢貨輕重不等,乃更鑄新錢。背面肉好,皆有周郭,文曰‘五銖’,而重如其文。……至大業後,王綱馳紊,巨姦大猾,遂多私鑄,錢轉薄惡。初每千猶重二斤,後漸輕至一斤。或剪鐵鍱,裁皮糊紙以爲錢,相雜用之。貨賤物貴,以至於亡。”這一部分文字之後關伯益先生似乎還想寫一章“錢之分代”,可惜衹寫下了篇目,空出了紙張,而没有内容,這大約都是由於其身體原因造成的。

《金石分類考》第二個主要内容就是“石器類”。關伯益先生根據中國古代石器的不同性質、形式、功能,分石器爲日用器、雕像、鎸文三個大類。研究某個項目,有了分類,有了條目,研究起來就能思路清晰,條理清楚。

“日用器”從舊石器時代即開始使用,從簡單到複雜,從僅有使用功能,到充滿藝術的魅力。中國日用石器和世界其他地方的石器一樣,都經歷了這樣的過程。

關伯益先生在“雕像”部分結合印度雕像、希臘雕像、埃及雕像的特點來論説中國雕像的特點以及與世界上其他雕像的異同,讓讀者對中國雕像的歷史衍變、藝術特徵有了更深刻的了解。

“鎸文”部分在中國石刻藝術中通常就是碑文、墓誌、造像記文字、儒釋道三家刻經幾個部分。碑石研究是關伯益先生的特長之一,所以,在這一部分文字中最能見到關伯益先生廣博的知識和獨特的學術見地。關先生在這裏講了碑石的起源、分類、價值,對了解中國碑刻甚至了解石刻拓本的特點都有一定的參考價值。如論墓誌云:"墓誌爲幽閟之物,書甫刊就即納壙中,非遇滄桑之變不能復顯於世。故古時墓誌有限,直至近世,其出土之量數倍於他石者。因民國以來發冢無罪,而兵匪饑饉、水旱之災連年不絶。愚民貪眼前之利,發掘古墓以易升斗之糈。有無賴之徒借此致富者,更驅使窮民爲之羅掘。其注意者在殉葬之古物冥器,而墓誌亦隨之而出。秘置家中先拓數十百份,然後售石。及石售出再售拓片。其拓片率皆出土新拓,鋒芒如嶄,精彩焕發,不必求宋拓、明拓,亦目得初拓之佳本。故近藏碑拓者以新出墓誌最爲時尚,其勢使然也。"關伯益先生所持拓本之論,與本人頗合。余曾多次講,今人在碑帖收藏中一味追求宋拓、明拓,這固然無錯,但存世哪裏有那麽多宋拓、明拓?轉不如收藏近世所出可靠碑石墓誌的新拓本爲上,這種新拓完全可以稱爲"初拓本",數十年後亦是不可多得的珍品。精美的初拓本對研究石刻的内容、書法藝術自然有着難以取代的作用,關於這一方面可參考拙著《碑帖收藏與研究》一書。

關伯益先生在總論"鎸文"之後,還着重論述了造像類刻石以及儒釋道刻經的特點。此段論説文字簡明地將歷代石經一一考證,使讀者對歷代石經的特點有了清楚的了解,因而,此段文字有着很高的學術價值。另外,還有其他一些雜品類的石刻,如詔牒、詩詞、畫像等,關伯益先生也都進行了詳細的介紹。

《金石分類考》手稿的最後一部分即"匋器類"。完整地講應該是"陶瓷類",但此部分内容講的均是瓷器,主要講了中國古代瓷器的分類、窑口,以及瓷器的製作方法、釉色特點與工藝等,可以稱爲中國瓷器入門的最佳讀本。可惜的是陶器部分的内容已經缺失。前日得見在其他手稿中夾有陶器内容的文字,惜僅有五行。但仍可看出關伯益先生在陶器的第一章内擬寫出"陶器之起源及其分類"的内容,無緣拜讀關伯益先生對古代陶器的完整論述,不能不説是一種遺憾。

五、《刻石討源》

如果按照現在的語言表達來命名,根據書中内容,關伯益先生此部書稿可稱爲"中國刻石源流考"。

此部書的前半部分主要分兩個方面,第一個方面即"佛教未入中國以前之雕像"。此部分講了中國商、周、秦、漢時期石刻雕像的工藝特點,造型藝術風格等,並結合世界其他民族地區的石刻藝術與中國石刻做了比較研究。當然,這種比較研究不是簡單的材料排列,也不是運用一些時髦的新名詞,而是真正使用西方先進的學術研究方法與理論,比如運用社會人類學、歷史學、民俗學、藝術發展史等學科，更深層次地分析研究中國石刻藝術的發生、演化以及地域特色。這種研究方法無論是在20世紀二三十年代的過去，還是21世紀科學技術如此發達的今天，我們都不能不佩服關先生所具有的合理的邏輯結構和視角廣泛的材料運用。這也正如王國維先生所説的："治文史之學，如無科學上的知識爲之輔助，則不能得其真。"第二個方面即"佛教進入中國後之雕像"。在這一章節裏關先生以雲岡石窟、龍門石窟以及南京、杭州地區的石刻爲例，全面深入地論述了中國雕像在接受了佛教藝術後的風格變化，並討論了各地區雕像的藝術特點，運用社會學、人類學的觀點對這些藝術特點形成的原因進行了分析，可見作者對中國古代石刻研究的用力之深。關伯益先生此處不僅引經據典進行考據，而且時時用有關刻石的掌故舉例説明，讓人讀來輕鬆愉快，不失爲一部深入淺出的學術著作。

《刻經討源》前半部分原著共配有五十多幅圖片，今天所見手稿雖無圖片，但圖片説明的文字却完好存在，這些文字詳細地描繪了圖片上雕像的藝術特色與歷史源流，讀之令人印象深刻，如臨實物之前。這裏摘録一則與讀者共賞："第四圖，魯王墓前石人。魯王墓前石人二，舊在曲阜縣張屈莊。乾隆甲寅春，阮芸臺按試曲阜時移至矍相圃。西向一人冕而拱立，高漢尺一丈三寸，腹間題篆字一行，文曰'漢故樂安太守鏖君亭長'。一人手按一物似劍，高漢尺九尺三寸，腹間題篆字一行，文曰'府内之卒'四字。《兩漢金石記》云：'樂安本千乘，和帝永元七年更名樂安。'此爲東漢石刻無疑。石經風雨剥蝕，條痕落落，頗似淚痕，然刀法古拙，猶可窺見一斑。"

《刻石討源》的下半部分是作者對河南地區澠池、伊闕、水泉三處的石窟進行的具有藝術考古學意義上的探討。

《澠池石窟考》首先講述了澠池石窟的歷史價值、文化價值和在中國石刻藝術史上的地位，以及當時石窟保存的狀況。其次分章節討論了澠池石窟的類别、刻鑿形式、造型藝術及價值，考證了澠池石窟刻鑿的年代。特别是對澠池石窟中鴻慶寺造像、比丘曇造像碑及其他造像題字進行了研究。這些造像文字現在或殘或毁，關伯益先生的記録與考證無疑爲今人了解研究澠池石窟的歷史變化提供了十分難得的文獻資料。

《伊闕石窟考》是關伯益先生學術研究的重點，在此之前，關伯益先生曾有《伊闕石刻志》《伊闕石刻著録表》等文章發表。此處則是更加全面地對伊闕也就是龍門石窟進行了研究。

此部分文字分爲七個章節：

第一節，形勢。講伊闕石窟所在的地理形勢、自然條件、歷史文化淵源等。

第二節，風景。專門講伊闕龍門地區的地理風貌和人文景觀。

第三節，建築。介紹了龍門地區各石窟寺建築的特點，重點介紹了千佛寺、鑼鼓洞、敬善寺、賓陽洞、潛溪寺等五個洞窟,引用佛教故事,説明這些石窟靠山臨水開鑿的原因,以及刻鑿石窟爲室,故能長久存在的事實,可謂生動有趣,引人入勝。

第四節,寺名及寺址。以龍門地區"十寺八庵"的傳説爲綫索,以古代典籍記録與民間傳説爲架構,講述了各寺的由來、位置,爲後人了解龍門地區的佛教文化、石刻藝術提供了豐富的資料。

第五節,伊闕石窟的刻鑿年代與代表作。詳細介紹伊水兩岸,東西兩山上三十二處石窟的歷史。

第六節,造像文字介紹。龍門地區的造像從北魏至明代數以萬計,而有名的代表性造像文字也有數百種之多,關伯益先生選出了近百種造像文字爲讀者做了詳盡的考證與介紹。

第七節,伊闕石窟的造像藝術。關伯益先生以學者的文字表達,藝術家的觀察眼光,從石刻人物面部表情、衣服紋飾、石刻周圍附屬圖案的設計、工藝技術等方面對伊闕石窟進行了考證、論述,角度獨特,讀之令人印象深刻。

《刻石討源》下半部的《水泉石窟志》部分,僅有《水泉石窟志結論》一篇文章。當然,我們通過這篇文章對水泉石窟也能有一定的了解,但與其他石窟介紹文字相比較就要簡單多了。此部分的文字是否遺佚,下文當有所介紹。

《刻石討源》一書初成於民國二十六年(1937),由於戰争原因,至民國三十六年(1947)關伯益先生在西北大學任教授期間才修改完成。此後關伯益先生又以此書的部分内容爲基礎,寫出了《東都石窟四志》一書,在此書中我們就會見到對水泉石窟的詳細介紹。

六、《東都石窟四志》

前文説過,關伯益先生於龍門伊闕石刻研究最爲用力。誠如他自已在《伊闕古迹圖序》中所説:"余訪察伊闕,自民國三年始,距今已二十三年矣。"而關先生在《伊闕石窟志 · 弁言》中又説:"余游龍門自民國元年始,是年,余初自京師大學畢業回開封,有同學通許時君志余爲歷史專家,熱心考古,約余同游龍門。"至民國二十五年(1936),關伯益先生又組織人力對龍門石窟做了長達一月之久的調查,收集整理了不少龍門石窟的珍貴資料與照片。這一時期關伯益先生前後完成了數十篇研究龍門伊闕石刻的文章,如《伊闕石刻志》《老君洞石墨擷英》《龍門二十品釋證》,等等。根據這些文章和材料,關伯益先生於 1937 年前後草成了《東都石窟四志》的框架,但是不久,由於日寇入侵,抗戰軍興,作者與其他普通百姓一樣四處避難,此部手稿遂失之離亂中。1947 年關伯益先生於西北大學任教期間,又重新收集零散的材料,並結合《刻石討源》中的相關内容,重新寫成了《東都石窟四志》一書。爲了避免書稿再度遺佚,關伯益在毛筆書寫的手稿之外,又用鉛筆認真地抄寫了一份副稿,並且改正了初稿上的一些錯誤,以版本學上的術語,此本可以稱之爲謄清本。

1986 年前後,本人於長安舊家之中得以見到這批關伯益先生的手稿,當時《東都石窟四志》的墨筆手稿與鉛筆謄清稿均在余處。三十年來,余雖數度搬遷,而關伯益先生這批手稿則未曾一刻離開左右。今日檢出關伯益先生的手稿整理,始知《東都石窟四志》的墨筆手稿竟不在其中,不知是轉與了他人,還是遺佚於他處。2000 年前後,河南洛陽一友人來訪,知余處有大量關伯益先生的手稿,欲索去一觀,余以《東都石窟四志》爲重復本,便將謄清稿與之。前日朋友來電,稱當年借閲《東都石窟四志》時曾掃描一遍,且留有電子版,想與中州古籍出版社合作出版云云。筆者不知如何回答是好。

1947 年關伯益先生利用寒假之時,借助《刻石討源》與其他材料重新寫成《東都石窟四志》一書,因而,《東都石窟四志》與《刻石討源》在内容上有許多相近之處。特别是《水泉石窟志》一章,在《刻石討源》中此章僅有提要,内容文字闕失,而在《東都石窟四志》中關先生根據零散材料與記憶,寫出了水泉石窟的"概况""沙河""石窟""考碑""結論"等五個章節。此段文字完全可以作爲對《刻石討源》的補充。當然,我們也可以認爲《東都石窟四志》是從《刻石討源》中衍化而來的,但由於研究角度和方法不同,《東都石窟四志》則更系統、多角度的將龍門、鞏縣、澠池、水泉四地的石窟從歷史、地理、建築、雕刻藝術、文字書法諸方面進行了研究,内容更加豐滿,論述更加深入。因爲關伯益先生曾多次親至這些石窟進行實地考察、測量、記録、採訪,所以説此書是用第一手材料來寫作、來研究而完成的。書中除了秉承傳統的考證方法之外,還吸收運用了不少人類學、社會學的觀點,提出問題,且解決問題。作者的語言平白樸實,所敘述的大多都是自已所親歷的事、所親見的物,使讀者讀來如親臨現場。語言的感染力强,藝術、學術的生命便能長久,文化也才能遠播。近日讀《顧頡剛日記》,見顧先生評歷史學家朱偰的著作時説:"予前讀《大唐西域記》及《慈恩三藏法師傳》,苦於人名地名之詰屈聱牙,不易尋其端緒。朱偰此書(《玄奘西游記》)以上二書爲本,而加以西方學者之考證,確定其今地。又出以通俗之筆,遂使頭緒分明,讀者得一真切之印象。'言須通俗方行遠',洵不誣也。"(聯經出版社《顧頡剛日記》)

將顧頡剛先生評論朱偰先生的話移來評《東都石窟四志》的寫作特點,毫無疑問是十分貼切的。我們今天的文史工作者不僅可以把《東都石窟四志》當成文獻學研究的範本來讀,也可以把《東都石窟四志》當成考古隨筆來讀。爲了讓讀者對《東都石窟四志》的主要研究内容有一初步印象,這裏先把全書的目録抄出,供大家了解,以便讀者有所選擇。

《東都石窟四志總目》　　開封關伯益著

東都石窟四志序

伊闕石窟志

弁言

第一節　形勢　　第二節　風景　　第三節　建築

第四節　古寺　　第五節　石窟　　第六節　記載

第七節　吟詠　　第八節　雕刻　　第九節　文字

第十節　年號　　第十一節　結論

鞏縣石窟志

弁言

第一節　形勢　　第二節　風景　　第三節　石窟

第四節　吟詠　　第五節　雕刻　　第六節　文字

第七節　結論

澠池石窟志

弁言

第一節　概況　　第二節　石窟　　第三節　年代

第四節　考碑　　第五節　結論

水泉石窟志

弁言

第一節　概況　　第二節　石窟　　第三節　沙河

第四節　考碑　　第五節　結論

存世的《刻石討源》手稿中衹有《水泉石窟志》的篇目,並没有具體的記録與論述。因爲關伯益先生早年所寫的文字未經發表,作者又遭離亂,手稿遺失不少,所以在整理《刻石討源》時竟不能立刻寫出此章節的文字,衹得先以提要充其篇章。但水泉石窟在河南石窟藝術中占有很重要的位置,價值非常大,正如關伯益先生在《水泉石窟志》的《弁言》中所道:“水泉石窟向不見諸記載,不惟其造像文字不見於金石著録,即其山川形勢及名稱亦不載於地理諸書。”因此,不能没有文字來記録“水泉石窟”。那麽,水泉石窟究竟在什麽位置,它的歷史價值、藝術價值以及風景究竟有何引人入勝之處,等我們整理出版了《東都石窟四志》後,自然會展現在大家面前。

七、《河南石志》

此部《河南石志》手稿從内容來看，似乎應該加一個副標題，即《河南石志·漢魏六朝墓誌卷》，或《河南石志·墓誌類》。

"河南石刻以墓誌爲最豐美，僅此北邙一帶出土者動千百計。""其中魏齊隋唐佳制極多，文辭之典雅，書法之優長，形制之奇特，藝術之精良層出不窮，耐人探索。"這是關伯益先生在《河南石志·墓誌類》前言中的一段話。誠然，近代所出漢魏六朝墓誌，以河南地區爲最多，品質也最高，清代金石家武億、王昶以及近代學者羅振玉等人均有大量的文字記録與介紹。羅振玉先前有《桓農冢墓遺文》，著録河南漢魏磚誌三十一種，初以爲出之靈寶，故稱爲"桓農冢墓遺文"。待考證後始知此部分墓誌實出孟津，後又作《桓農冢墓文跋》以爲更正。關伯益在《河南石志·墓誌類》前講了這樣一段掌故，並列羅振玉所録墓誌三十一種爲開篇，亦可見河南所出墓誌爲世所重的原因。

關伯益先生此書稿收集河南歷代所出漢魏六朝墓誌三百餘種，全書約四萬三千字。以河南出土北魏太和二十三年(499)《韓顯宗墓誌》文内標明"墓誌"二字，知此誌爲當時歷代所出石刻有"墓誌"稱謂最早的一種。在此書所記録的三百餘種墓誌中，有數十種是近代出版的石刻、碑帖書中所不見記載的。增補文獻，開啓疑問，此書的資料價值自不待言喻。關伯益先生是金石學家與文物保護專家，所以其書寫的考證文字既詳備亦準確。與其他碑帖書不同，關先生此書不僅記録了墓誌的名稱、出土地、形制尺寸，而且還對墓誌所涉主要内容進行了考釋，使讀者大要明白了墓誌文字與史書記載的關係，以利於專業讀者進一步研究。下面就録出兩則，以供大家欣賞學習：

> 《城陽王元徽墓誌》，太昌元年十二月十九日，洛陽出土，今藏奉天博物館。石高一尺七寸二分，廣一尺七寸四分，卅一行，行卅三字正書。
>
> 元徽字顯順，與顯魏、顯恭、顯和、顯儁爲昆季，行見《魏書·城陽王長壽傳》及《元顯儁墓誌》，特彼以字行，獨此以名著耳。志中所叙官秩及封典悉與《傳》合，惟措辭質文不同，彼此可以互見。

王壯弘、馬成名合著《六朝墓誌檢要》中，記此墓誌上文字數爲"卅二行，行卅三字"，與關先生所記略有不同。

> 《河南刺史寧國伯乞伏寶墓誌》，永熙二年(533)三月廿一日。洛陽出土，石高、廣各一尺九寸一分，卅行，行字同，正書。
>
> 乞伏寶字菩薩，必乞伏國仁之後，而不見於史傳，何哉？

《修太公廟碑》,有陰及側。武定八年(550)四月十二日。汲縣文廟。碑高四尺五寸,廣二尺四寸,廿三行,行四十二字,正書。陰凡五列,行字多寡不等,正書。側,宋元符二年(1099)秋七月汲會石審題名,正書左行。碑原在汲縣西三十里太公廟,後移置縣文廟内。爲太公後裔尚姓所立,故碑陰題名無外族。文前録太康(289)十年齊太公吕望表,以祀文爲止,未録頌辭。後自爲文及頌辭,乃穆子客所作。子客,以前著録家皆作子容,因《北史·穆崇傳》有:"子容曾官通直散騎常侍,聘梁。"與碑署銜相合。惟平東將軍中書侍郎恒州大中正修左史汲縣太守,爲史所無。今碑明作子客,且字山行,亦與客字相符。史作子容,安知其非筆誤?考古者當據石刻以正史,不當據史以該石刻也。《齊西門豹碑陰》有"平東將軍别駕從事史魏穆子客",字亦作客,又得一佐證。

關伯益先生在《河南石志·墓誌類》一書中指出這樣一個問題:河南出土墓誌最多的地方是洛陽與安陽,北魏、北齊人營葬多在洛都與鄴都。鄴都在今安陽與磁州交界處,後磁州劃歸河北省。將古鄴都所出墓誌以河北史料考之,則内容、史實多在兩可之間,不能協調。而將這些墓誌放在洛陽的歷史中考察,則人物、事件多見密切的關係。所以,關伯益先生將一部分磁州所出墓誌也歸於《河南石志·墓誌類》之中,這應該也算是一種科學的學術態度吧。

八、《古學討源》

關伯益先生《古學討源》一書手稿初寫於1936年至1938年之間。手稿扉頁書名下題有小字兩行:"乙酉十二月訂於天主堂,丙戌夏五月增訂於西安,更名《古學討源》。""乙酉"爲1945年,此時關伯益先生甫到西北大學任教,這一年西北大學尚在陝南的城固縣,"天主堂"當是西北大學借用城固縣内天主教堂爲學舍之時。"丙戌"爲1946年,此年五月,西北大學開始遷回西安,故此書序言有"中華民國三十五年夏五月百益氏識於西安"之記。手稿封面上另有"古學討源,丙戌夏五月訂於西安"的字樣,可見此手稿經過了近十年的補充與修改。中國傳統上向無"考古學"一詞,早先有"考證""訓詁"之説,多爲古代典籍上的"考據"之學,也就是專門研究古書的方法。"訓詁"之學初起於西漢,完成於北宋,興盛於清代乾隆、嘉慶兩朝。對於古代器物的考據宋代有吕大臨的《考古圖》,延至清代有乾隆時的《西清古鑒》,數百年來,考據古器物的同時,考據古文字的水平也得到了發展,古文字學由古器物而兼顧刻石文字,於是産生了中國特有的一種學問——金石學。

關伯益先生《古學討源》原稱《考古雜俎》,其主要内容講得也就是金石之學。關先生在此書的序中言道:"古學者何,即中國之金石學,亦即西洋之考古學。金、石二字原指吉金樂石而言,以二者能代表古學中之重要物質。"所以,此部專講金石學的著作,即可稱爲《考古雜俎》,亦可稱爲《古學討源》。關伯益先生將此書更名爲《古學討源》,是意欲將此書與《刻石討源》等其他著作排比成一個系列,還是關先生認爲此書内容有討徵古物來源之意而命名,一時也難以確定。應該説,這種命名是清末民初時,人們的用詞習慣和學問傳承所習見的。以今日的學問分類,此書稱之爲《金石學概論》或更爲妥帖。

要了解關伯益先生的《古學討源》,余以爲先讀此書的《凡例》《目録》或可便捷地知其梗概,故録出如下:

凡例:

一、本書分類以原質爲主,共分金、石、陶、泥、骨、紙等六類。

二、凡原本相同之物,後世分之爲二者,今仍以類相從。如玉與石,瓦與陶之屬是。

三、一物有數種原質者,歸其主要之類述之,如兵器,有銅、鐵、石、陶、骨、角等質,然古者以銅爲主,故列金類中。印璽有銅、玉、石、木、瓷各種原質,然古以銅爲金,故列金類中。雖後世以石、牙爲主亦不復分列也。

四、凡少數之物不能另立一類者,歸其相似類中以趨簡便,如竹木附於骨類,絹帛附於紙類是也。

目録:

一、金類 凡五金之屬皆屬之

鐘鼎 兵器 錢幣 鏡鑑 印璽

二、石類 凡玉石皆屬之

石刻 玉器 硯

三、陶類 凡陶瓷皆屬之

陶器 瓷器 磚瓦

四、泥類 凡泥土膠漆皆屬之

塑像 壁畫 漆器 墨 封泥

五、骨類 凡甲骨、牙、角、爪、毛一切動物、植物皆屬之,竹木附

甲骨文字 骨角爪牙器具 竹木簡 書筆

六、紙類 一切紙物皆屬之,絹帛附

書法 繪畫 碑帖 書籍

在此部手稿中間夾有一頁舊日曆充作書簽用,日曆上的日期爲"1950年4月13日"。由此可知,關伯益先生於1950年4月前後又將此書校讀一遍。在書前目録和書中某些章節上,尚能見到關伯益先生中風後用左手所寫出的字迹。關先生何以在病中仍在校讀此書稿呢?因爲此時關先生正在編寫《金石分類考》一書,通過校讀此書而得到一些資料和啓發。或爲編寫講義,或爲出版書籍,至今尚不得定論。1991年爲研究關伯益先生的這部分

手稿,余曾拜訪過家父的朋友,西北大學歷史系周禎祥教授,詢問關伯益先生這些手稿當時是否出版過,或曾作爲講義出示過,周禎祥先生以及當年聽過關先生課的幾位老先生均不曾記得。在此部《古學討源》的手稿中另夾有一頁舊日曆,日期爲"民國三十八年十一月五日,陰曆九月十五日",這頁日曆上有關伯益先生病後用左手所書"宗老先生生日"六字。不知此位"宗老先生"是何許人也,與關伯益先生是何種關係。

由《古學討源》中的一些信息可知,《金石分類考》與《古學討源》在内容上有一定的聯繫。《金石分類考》是爲了解决考古學研究中材料如何歸類、如何分析梳理的問題。而《古學討源》則主要是從已分類的古物中探討歷史文化、社會生産力發展變化的問題,二者應該是互有補充的。

關伯益先生的《古學討源》廣徵博引,深入淺出。以《金類》爲例,此章不僅將中國古代金屬器皿的源流進行了研究,而且論述了中國古代青銅器的配方比例,各種器皿命名的緣由,與王國維先生《觀堂集林》上的"釋名文字",羅振玉先生《雪堂類稿》中的"金石跋尾文字"有異曲同工之妙,由此可見關伯益先生學術研究的方法、學術思想的模式之來源。研究、閱讀關伯益先生的這些文字,不僅能使今天的讀者了解中國金石文物的文化内涵,書中所講金石器物的歷史特徵,僞贋方法等内容,無疑也爲今天的普通讀者提供了一部如《古物鑒賞指南》的好書。

九、《石刻叢稿》

關伯益先生此部手稿封面上題寫有三個方面的内容:(1)《河南金石志序目説明底稿》;(2)《碑石類目考》;(3)《河南佚碑録》。閱讀手稿中的内容可知,《河南金石志序目説明底稿》實際上是《河南石志序》與《河南石志凡例》。這兩篇文章曾於民國年間發表過,後收入《益齋金石文存》之中,而題目則改爲《河南石志序及凡例與分類説略》。將手稿中此文與《益齋金石文存》上文字對照,知手稿中文字與 1940 年所印行的《益齋金石文存》上内容相差甚多,字數也較《益齋金石文存》上此文多近一倍。

此手稿中的《河南石志序》通論了河南地區著名碑石的歷史價值、書法價值,並採用類比的方法,將河南地區的著名碑石與其他地方的著名碑石相對比,進而得出河南地區碑石的價值點。這種能够統御文獻資料、運用文獻資料的學者,在近代學界是難能見到的。關伯益先生的《河南石志序》,不僅是一部著作的序言,更可以看作是一篇提綱挈領的河南碑刻通論與中國書法簡史。

《河南石志凡例》是對河南石刻分類特點的一個概述,這完全不同於今天《凡例》的寫法。我們也不必把它作爲通常《凡例》的格式來看待，因爲它實際上就是一篇關於金石學的論説文。

關伯益先生這部《石刻叢稿》的核心内容應該是《碑石類目考》，這部分内容應該也可以看作是《河南石志》中《河南碑石考》的核心部分。在手稿《碑石類目考》文首，標有“河南通志館纂修關伯益撰”一行小字。由此可知《河南碑石考》初稿當是在1940年至1945年之間初成架構的，等到西安後，關伯益先生才有時間、有精力進行疏理寫作。《碑石類目考》借鑒了宋代趙明誠《金石録》的體例，不同的是趙氏《金石録》先是目録部分而後爲跋尾文字，而關先生則是先題跋文字而後列目録。排列雖然不同，但其共同的價值點是一致的，即以名稱目録，次第叙述碑石的歷史與沿革；以題跋文字，言簡意賅地考説名碑的價值。下面我們就摘録出數則，讓讀者能有一個直接感受、認識關伯益先生文字的機會：

《司徒袁安碑》，有側。永元四年(92)閏月庚午葬。考永元四年閏三月己巳朔、庚午爲二日也。偃師發見。

石於萬曆間毁作佛寺供案，下端截去一段，每行均損一字。高存四尺四寸，廣二尺二寸五分，十行，行十五字，字徑高三寸，廣二寸一分。中間有穿，篆書。側，厚六寸，前後兩端刻字，前刻四行，後刻二行，行字均不可計。行書。“萬曆二十六年(1598)三月三十日。”“萬曆”作“萬立”，蓋當時之俗書也。

碑稱“永元四年三月癸丑薨，閏月庚午葬”。案，“永元”，漢和帝年號，而碑有“孝和皇帝加元服詔公爲賓”一語，知此碑在“孝和”以後，絶非永元四年薨葬時所立。案，《後漢書·本傳》：安子敞以元初四年(117)自殺，後以張俊被赦，因薄敞罪，而隱其死，以三公禮葬之。復其官時改葬敞，而並立是碑也。詳參敞碑。”

《王基斷碑》景元二年(261)四月辛丑，洛陽出土，今存河洛圖書館。

碑僅下截，高存三尺六寸，廣三尺。十九行，前三行行二十二字，餘行二十一字，分書。

《王基碑》僅下截存，碑中並不見“王基”字樣，以其所述歷官、勳閥、薨歿均與《三國志·魏志·王基傳》相合，故定爲王基耳。相傳此碑原未刻完，出土之日朱字宛然，應手而滅。今玩碑上數處，僅有一字餘地未刻，豈謂朱書者即止此耶。然其上截則失之久矣。後有清杜夢麟跋。小分書三行，行三十八字。帖估往往以跋之有無判新舊。

關伯益先生《石刻叢稿》中的第三個内容即《河南佚碑録》，記録了河南地區自漢至魏所出碑石約四百種。寫作體例與《碑石類目考》基本相同，所以，我們可以把《河南佚碑録》看作是《碑石類目考》的補充與延續，爲今天的金石研究者檢索、了解河南地區古代石刻，提供了一部具有實用價值的工具書和十分珍貴的文獻資料。

十、《益齋金石文續》

1940年由文化傳薪社馬集文齋鐫版，將當時所能收到的、關伯益先生已發表的金石論文十四篇彙集成册，名爲《益齋金石文存》。編印者在序文末言道："開封益齋關先生伯益，平日著作四十餘種之多。其搜集之勤，研究之密，在河南近世學者中不可多得。二十七年開封事變，益齋文物飄零殆盡，此其剞劂之僅存者，集印成册以防散失……"

這裏所稱的"著作四十餘種"，與現代成書出版後乃稱爲"著作"的概念有些差别，這裏所稱的"著作四十餘種"多爲單篇文章，因爲當時出書多用刻板或排印，用宣紙印刷三五千字即成厚厚一册，故雖爲單篇文字亦可稱之爲書。

1946年後關伯益先生任教於西北大學，寓居西安。教學之空暇，將1945年之前發表與未發表的文章四十七種整理在一起，擬仿《益齋金石文存》形式，送往上海以活字排印與影印的方法刊行，定名爲《益齋金石文續》。此書内容正如作者在序言中所説，大多文章爲首次發表，有些題目相同的，也是對舊文進行了修改與補充。如《伊闕魏刻百品序》《魏三體石經尚書春秋殘石釋論序例》《河南金石志圖更正本目録及説略》等。另外有數篇文章久佚，關伯益先生原憑記憶擬重新寫出，無奈在開始整理《益齋金石文續》後不久，關伯益先生即以中風而病臂，書寫文稿衹能停止。1949年後，關伯益先生病情稍緩，即嘗試以左手逆筆而書寫。此時關伯益先生所書寫的字體多呈方形，筆劃因爲逆行而多曲折，有些字就成了真正的"反左書"形。在此部《益齋金石文續》手稿中，有一篇《鞏縣石窟寺石墨擷英序》，即是用病手寫出而補進此書的。可惜由於病重，此篇文章僅寫出了一半即被迫停筆，於是《鞏縣石窟寺石墨擷英序》便成了殘文。

在此部手稿中有幾篇文章是關伯益先生用工整的小楷字寫成的洋洋灑灑數千字，原定以照像影印的方法刊出，使讀者不僅學習其文字内容，也能欣賞其書法藝術。關伯益先生的書法頗具魏晉人風骨，可以這樣説，將關伯益先生的書稿作爲今人學習書法的臨本來看待，一點都不爲過。

《益齋金石文續》收入文章四十七篇，約六萬餘字，但有個别篇章衹存目録而未見原文，如《汴京文化録序》《新鄭古器圖録序》以及《鞏縣石窟寺石墨擷英序》等。這些篇章關伯益先生原計劃是要重新書寫而放入書中的，但由於1950年後關先生病情加重，僅寫了半篇《鞏縣石窟寺石墨擷英序》就卧床不起無法握筆了，從此關伯益先生就再無著作問世。

此書所收文章均爲金石學研究範疇，但内容廣泛，文字也多，故不便將原文一一録出介紹給讀者，此處僅抄出幾條目録，以供大家了解個梗概。

伊闕魏刻百品序　　審美堂藏石録序　　三代圖案徵存第二集序
拓石管見序　　瓦削文字譜序　　漢袁氏雙碑考序
初拓伊闕造像文字皕品序　　象文聯合舉例序

十一、《歷代石經平議》

此部《歷代石經平議》手稿是關伯益先生 1946 年 5 月初成於西安，1948 年又重新修改後完成的。全書約六萬餘字，當時擬在西北大學校刊上發表。

關伯益先生在任河南博物館館長前後的一段時間裏，曾經發表過幾篇研究漢石經、魏三體石經的文章，但並没有系統地研究歷代石刻的想法。1946 年關先生至西北大學任教後，有機會游覽了西安碑林。西安碑林内唐開元石經排比如林，石臺孝經昂然矗立。此足以令關先生發思古之幽情，同時也激起了他研究歷代石經的夙願。於是，關先生從收集歷代石經拓本入手，以拓本實物爲基礎，以史書記載、專家論述爲旁證，彼此相徵，使歷代所刻石經的綫索、史實、意義明了於世。經過數年的補充修改，1948 年 1 月 9 日《歷代石經平議》終於完成了。此書從漢靈帝熹平四年(175)厘定刻立儒家十二種經典開始，歷魏、晉、南北朝、唐、五代、宋、金、元、明、清，至民國臨時大總統徐世昌草書《孝經》止，凡十七種，時間跨度達一千七百多年。可以説，關伯益先生用歷代所刻石經這一史實，把中國歷史從漢代至民國這一千多年來的政治發展、哲學思想、文學藝術諸方面做了一個概論，這無疑是一部中國現代學術史上的重要著作。

關伯益先生著述向以論説通達、見識廣博而著稱，現將此書的目録抄出，或能使讀者大致了解關先生此書的主要内容。

《歷代石經平議目録》

在整理閱讀這部《歷代石經評議》手稿時，發現其中夾有一片舊紙，上面是民國三十七年(1948)元月六日西北大學油印的一則通知，告知關伯益先生本學期學生學業考核的辦法。文字甚短,旁邊空白很多,關伯益先生就此紙片寫下了一段有關《歷代石經平議》一書的文字。檢閲書中内容並無見與此短文相同者。此片舊紙質粗黑而輕薄,恐其遺失或損壞,今將其文字録出,抑或使讀者對研究、了解此書有一定幫助:

石經者,刻國家規定之經文於石,立於大學以爲天下學子楷模矣,而提倡教學之所法則也。此法創興於漢,而歷代仿之。然自來中國歷代中皆未正式記載,即或載之,非僞亂悖謬,即簡略不詳,以至讀石經者茫無頭緒,散亂百出,是可歎也。資以歷代石經真迹爲標準,博考諸家之記載,以證當代之實事。不尚空談,不騁意氣,以明歷代石經之真象,名曰:《歷代石經平議》。校刊篇頁有限,諸家議論多未載全文,夫故不得已也。閲者諒之,著者特白。

則此書之所作也,前删其要已刊於西北大學校刊中,今更録其全文以俾閲者是正焉。

録畢此段文字,才知道這是關伯益先生寫在當時西北大學校刊上登出《歷代石經平議節要》前言。把這段《前言》文字放在此書介紹後,也能使今天的讀者和研究者對《歷代石經平議》的寫作與流傳有一清晰的了解。這大約也是關伯益先生想把此段文字加入到《歷代石經平議》之後的原因吧。

十二、《益齋所得所見古陶圖録》

1948 年 7 月 7 日,關伯益先生隨西北大學邊政系師生一行二十五人,前往甘肅、新疆考察,7 月 22 日到蘭州。因考察團要去新疆,但路途較遠,關先生年紀較大,且資金有限,因此,關先生决定留在蘭州考察採訪。當時的蘭州大學校長辛樹幟先生熱情地邀請關伯益先生參觀了蘭州大學的科學教育館,見到許多西北特有的古代陶器。在蘭州民衆教育館以及蘭州古董商馬雲程、馬俊臣處見到了造型更加奇特優美的古陶器,這讓熱心於中國古物的關伯益先生激動不已。於是他决定留在蘭州,收集、考察西北出土的古陶的情況。經過一個多月的努力,關先生把在蘭州見到的近百件甘肅、寧夏出土的古陶進行了記録、繪圖。1948 年 8 月 25 日返回西安後,重新整理所得到的資料,手繪了古陶圖案百餘幅,並旁加了注釋,花一周時間寫出《益齋所得所見古陶圖録》初稿,全書六萬餘字。

此書共分爲三大部分。第一部分是古陶説略。關先生在這一部分文字裏把中國古陶的歷史以及與世界其他地區的古陶器進行了對比議論,闡述了各自的異同,結合瑞典考古學者安特生研究中國古物的觀點,通過研究西北古陶,表述了關先生對安特生中國古陶分期的不同意見。關先生自己又對中國古陶器重新進行了系統的研究和分期,這一部分文字的學術價值最不容忽視。第二部分是關伯益先生把自己在蘭州所得的七件古陶以及親眼所見的公私所藏的古陶近百件一一繪圖,記録了這些古陶的器型、尺寸、紋飾圖案,在當時没有拍攝照片的條件下,用手繪的方法爲後人留下了極其珍貴的圖形資料,爲後人了解西北古陶的特點保存了不可再生的重要文獻。第三部分是關先生結合西北古陶的形狀、質地、用途,考説了古代有關陶器的文字、名稱。這一部分文字不僅可以説是對中國古代字書如《説文》《玉篇》等内容的補充,同時也是對歷代記録古陶文字的補正。

關伯益先生以親見的新材料、以科學的新觀點論古考古,可以説這部《益齋所得所見古陶圖録》是近代以來研究西北古陶最爲深入、最具特點的著作之一。這也是秉承了王國維先生"紙上之材料"與"地下之新材料"結合的"二重證據法"的範本。

十三、《皋蘭記游》

游記類文字似乎應該被看作是文學性的文字,但並不罕見的是歷代學者大都寫過游記,大都通過游記的形式展現自己的學術觀點和人生觀,如康有爲的《歐洲十一國游記》,顧頡剛的《辛未訪古日記》《西北考察日記》,宣俠父的《西北遠征記》,陳萬里的《西行日記》等。所以,關伯益先生在此部《皋蘭記游》的手稿首頁即表明此爲"十種學術游記"之一。學者的學術文章不一定拘於寫作形式,衹要依了學術的眼光去觀察世界,不論是寫日記、寫游記、寫詩歌,世間的一草一木、人類的一舉一動都能從中揭示出歷史、文化的内涵來,古人所謂"處處留心皆學問"即此。

"皋蘭",古縣名,宋置皋蘭縣,即甘肅省及蘭州府治。《元和志》:"蘭州以皋蘭出名。"故後人有以"皋蘭"代稱蘭州者。關伯益先生 1948 年 7 月初隨西北大學邊政系見習團赴蘭州考察,1948 年 8 月 24 日返回西安,在蘭州生活了一個多月的時間。歸後,除撰寫了一部《益齋所得所見古陶録》之外,又撰寫了這部《皋蘭記游》,以另一個角度記録此次赴蘭州考察的經歷。這裏有翻山越嶺行路之難的感慨;有對山川美景、人文歷史的遐想;有訪古陶、購古陶的經歷,以及古董商的樸厚本質與狡黠生意經的描寫。在這裏關先生不僅記録當年蘭州古玩行業的特色、出土古陶存世的狀況,更是由此反映出了當時蘭州教育發展、社會發展的狀况,以及頗具西北地方特色的民風民情。關伯益先生在蘭州期間還接觸了不少在蘭州工作和到蘭州訪問的學者,如辛樹幟、黄文弼、顧頡剛等,和他們談論了不少有關金石考古、歷史研究方面的問題。顧頡剛先生在其《日記》中記録了此時與關伯益先生的多次見面與相談,惜均無詳細的談話内容,而關伯益先生更是一字未曾提及,這不能不説是一個遺憾。

《皋蘭記游》全文共一萬餘字,以體例上講這應該算是關伯益先生的一部文學作品。但以内容中所記事件、人物來看,我們則完全可以把《皋蘭記游》看作是《益齋所得所見古陶録》的補充。正如關伯益先生自己所説的,這是一部"學術游記"。

十四、《龍門稽古詩》

《龍門稽古詩》是關伯益先生1946年在西安追憶當年游歷龍門石窟的感受,加之對龍門石窟的研究心得而寫成的。《龍門稽古詩》完成後,關伯益先生曾將此稿交時任陝西省政府秘書、著名詩人、書畫家馮星垣先生逐字校改,馮先生對每首詩的改校文字附於手稿後,這對於關伯益先生詩作創作過程能有一定的了解,對於今天的學詩者亦可作爲一改詩的範本。

《龍門稽古詩》是以詩的體裁來論古今的。正如關伯益先生在此詩集序言中所説:"游其地者若執此詩以爲引導,逐處參觀,亦自有一日之長。倘深求,則有拙著《伊闕石刻圖表》《石刻志》《古迹圖》諸書。取而讀之,則更上一層樓矣。"可見,關先生是把這部《龍門稽古詩》集作爲《伊闕石刻志》等專門著作的補充來創作的。

《龍門稽古詩》共十二首,附龍門當地名宿李光裕《龍門詩》二首。詩爲七律格式,每詩有注,注文極詳盡。在這部分文字裏,關先生不僅把詩中所言龍門地區重要景點的歷史文化考證清楚,而且細緻、形象地描繪了這些景點的自然風貌,讓人不禁産生欣然前往的衝動。這裏隨手抄録一詩以供大家欣賞。

石牛溪

石崖裂隙如牛陰,溪字假來代土音。
門外嶙峋臨道路,窟中迂曲入山岑。
正光題字抬頭見,唐代鐫文轉眼尋。
莫道此間形勢小,堪區精緻厭人心。

石牛溪在蓮花洞南,由山壁裂縫成隙,宛如牛之陰户。以其名稱不雅,借溪字代之。大雨時山洪由其中滃然而出,如牛撒尿之狀,甚爲奇觀。洞口旁有正光二年(521)《田黑女造像》,舉者可見。其内有唐刻多種,細思方得。此溪形勢雖不大,而石質細膩,雕工細緻,頗邀考古家所欣賞也。

龍門古迹舊有"十寺八庵"之説,考之古書,"十寺"尚存其名,"八庵"則多佚記載。關伯益先生選出有迹可尋、可供流連游覽者十二處,以詩爲導覽,使不能前往游覽的讀者得到卧游山水之趣。"齋祓堂""賓陽洞""魏字窟""擂鼓臺"……我不敢説這些名字能吊起讀者多少懷古的幽情,但《龍門稽古詩》對於研究、了解龍門石窟的藝術特質、地理變化、歷史沿革,無疑是具有很高參考價值的。

十五、《豫變紀實詩並注》

“豫變”指的是 1938 年 8 月 13 日日寇入侵占領開封的事件。當時,開封爲河南省省會所在地,占領了開封,也就兆示着占領了河南省。由此,關伯益先生開始了近八年時間的艱難生活,這無疑給他的一生留下了不可磨滅的記憶。1946 年 8 月,在生活較爲安定的西北大學裏,關伯益先生以史家的筆觸、以詩歌的形式,寫下了這段親身經歷的生活和事件。這些詩記録了當年日寇怎樣攻城,如何入城;記録了當年黄河花園口決口事件的前後經過,開封城内居民如何防水等事實。讀了這些詩才讓人們明白關伯益先生的簡歷上爲什麽有“水災防救處處長”一職的原因:

河道東南下,支流繞汴城。三軍同束手,百姓受奇驚。防救安專處,勤勞爲衆生。城隍輪轉訊,冬至勢方平。防水。

黄河中流雖然南下,而支流東來圍繞汴梁。城内地勢底下,幾乎要灌全城。百姓久知黄河厲害,此次花園口掘開,不知水勢向何方猛進,受驚實在不小。時予與戴湄川同在寄居所中辦事,晚間談及此事。戴君原在黄河水利委員會充當秘書多年,深知水性,舊河工員役彼盡熟悉。當黄河未改道之前,彼料定必利用黄河以限制日本。三日前即教予向商務會中提議,用麻袋先將城西北水門洞及南門以西防空時所挖之小洞填塞,以防河水來時灌入城内……議案通過,發給麻袋五百條,由予調遣河工老手,預將水門洞及南城小洞堵塞。未逾三天,河水即下,大衆皆服我有先見之明。群推予防禦水患,以救全城生命……設立黄河水災防救處……推予爲處長。

在關伯益先生的這一批手稿之中,還有一册《于右任標準草書凡例》,這是關伯益先生 1948 年於西北大學寓内抄録的。雖是墨迹手稿,但書中内容却是于右任先生《標準草書》的原文。雖非關伯益先生所著作,但由於此册爲關伯益先生墨筆録本,上亦有關先生一部分改校,因而此處雖不單獨列一專題,但仍需做一簡單介紹。

于右任先生當年提倡的“標準草書”運動是“五四”運動後中國文字改革的一個插曲,其目的在於提高中國文字書寫的速度和辨認的準確度。但中國文字的産生、發展有其自身的特殊性,太過於簡化的文字又失去了中國文字音、形、義表達的特徵與功能性。所以“標準草書”運動未能普及也就很快結束了,而且期間也没有得到學術界的回應與支持,特别是在書法界也没有引起廣泛的實踐與認同。因爲中國書法藝術是運用多姿的文字形體、結構、綫條來表現的視覺藝術,要求統一書寫、標準化書寫顯然是難以實現的。加之清末民初金石學大興，研習北碑書風在書法界佔有很大的勢力，特别是隨着六朝墓誌、六朝造像文字的大量出世，一股綫條雄强、結體恣意、章法自由的書風衝擊着沉悶已久的書法藝術神壇。這是新文學運動後新思想影響的結果，也是社會發展潮流影響的結果。當然，于右任先生的《標準草書凡例》是有它一定的學術價值，我們完全可以把它作爲一種書法用筆與結體的基礎課本來學習，這對了解中國草書藝術是有很大益處的。

關伯益先生作爲金石學家和書法家，于右任先生的《標準草書凡例》還是引起了他的注意，用毛筆抄録出一萬多字的《凡例》來，由此可見關伯益先生對書法藝術探討的關注，對中國文字研究的關注。在此册《標準草書凡例》手稿的結尾處，貼有一紙關伯益先生給于右任先生某一件書法作品所寫的題跋，或者也是關伯益先生購得一件于右任書法後的記録。文字中反映出關先生對于右任書法藝術的評價，也反映了于右任書法在當時流行的狀況。現抄録於此，以見關伯益先生看待流行書法的眼光和態度：

> 三原于右任先生以草書鳴當世，每到西安，求書者雲集，市上紙爲之貴。見其所書數百幅而款式合宜，轉於有病，無病者蓋寡。自其創標準草書以後，頹敗更不可言狀。于公自話其書法大進，實則一生之英名徑赴諸流水矣。此幅乃其數年前百件中筆力最有力，而最超好者，爰托人購存之。倘以是爲于公標準，則于書不已足傳乎哉。惜乎于公未必能見及於此也，品于書者亦未能見及於此也。

在目前所見關伯益先生十數種手稿之中，還有一册《出納書籍信件總簿》，全是關先生親筆所寫所記。册中證録了關伯益先生在西北大學授課期間借閲圖書，以及與西安當地文化界人士往來的情況。特别珍貴的是此册中保存有 1948 年至 1949 年間二十五張西北大學圖書館原始的借書單據，上面都有關伯益先生的親筆簽名和書名。另外還有關伯益先生 1950 年捐贈西北大學六件甘肅古陶器的收據、校方感謝函，以及關先生自己對此事的一紙證録。真可謂“片紙隻字，彌足珍貴”了。

另有關伯益先生所藏甲骨文拓本一册。此拓本應爲《殷墟文字存真》所用材料，是否予以公布，當需進一步考查。

關伯益先生無疑是中國現代學術史上的極有成就的一位學者，也是中國現代金石學界曾經有過的一束光芒。作爲後生晚輩寫此文章，一是爲紀念關先生，二是爲今日的金石研究者與普通讀者介紹在中國現代學術史上有過這樣一位學者，有過這樣一些著作。幸運的話，也許今後某一天這些著作會出版，會發行，那曾經的一束光芒也將會重新閃亮，或能對晚輩後生在學海探索中有所裨益。

由上可知，這批手稿内容豐富，研究價值突出，整理出版工作顯得十分緊迫。我們一直在尋求合宜的時機和方式，以便能够儘早將其奉獻給學界，讓衆多學者與金石研究者能够了解關伯益先生的學術生涯、學術造詣、學術觀點及學術貢獻等，希望以關先生的爲學經歷爲視角，展現近代學術發展史的一些特點和規律，爲構建更加全面、科學的金石學史添磚加瓦。本人設想將這批關伯益先生的手稿捐獻給高校研究機構，並依托高校科研力量，組建專業研究團隊，從不同角度整理和研究這批珍貴材料。首要任務是建立該批手稿的基礎文獻資源庫，主要包括文獻目録庫、原件電子圖檔庫、文本庫等，並争取早日出版，以服務於新時代的歷史文化研究，服務於高校的科研與教學，服務於全社會金石研究者與愛好者的需求。因此，衷心希望能有更多學者參與到這一研究項目中來，大家携手努力，早日完成這項有意義的工作。

A Review of 15 Unpublished Manuscripts by Epigrapher Guan Boyi(關伯益)

Zong Ming'an

Abstract: GuanBoyi(關伯益), his literary name Yizhai(益齋), from Kaifeng(開封), Henan(河南), a famous epigrapher and archaeologist in the Republic of China period. He was ever the curator of Henan(河南) Museum, and later the professor of Northwest University. Among dozens of books and nearly a hundred articles by him, *Xinzheng Guqi Tulu*(新鄭古器圖録), *Yique Shike Tubiao*(伊闕石刻圖表), *Yinxu Wenzi Cunzhen*(殷墟文字存真), *Yizhai Jinshi Wenzi Cun*(益齋金石文字存) and so on, were highly praised by the academic community at his time. Fifteen unpublished manuscripts of Mr. Guan Boyi(關伯益) are introduced in this paper. All of them are edited or written by him when he was teaching in Northwest University after 1945, covering history, archaeology and epigraphy. They are the crystallization of the second climax of his academic life. These precious manuscripts were once on the verge of disappearance, and the author had a good fortune to collect and preserve them. A brief introduction of the contents of these manuscripts will certainly help to understand Mr. Guan's academic methods and thoughts, and also his life experience, and draw the attention of the academic community to these important documents.

Key Words: Guan Boyi(關伯益); Epigrapher; Stone carving art; Academic history

(宗鳴安，西安文史館　西安　710061)

敦煌本《長樂經》考校*

郜同麟

摘　要:《長樂經》僅有保存在敦煌文獻中的 S.4610、P.3200 兩件殘卷。從詞彙和音韻的角度看,該經可能是南北朝中期南方地區的上清、靈寶之外的道教教派創作的。該經有不少脱誤,部分語句也無法讀通,本文試對個别疑難詞句作考證。

關鍵詞:《長樂經》;敦煌道經;校勘;釋詞

敦煌文獻中共有兩件《長樂經》寫卷,一件爲 S.4610,首殘尾全,尾題"長樂經卷第六",起"▨羅巾",至卷末,共三紙七十九行,背抄《受八關齋戒文》;一件爲 P.3200,首尾殘缺,起一殘"尊"字,至"八百九十",共一紙二十五行,背抄雜詩十二首。兩件寫卷筆迹一致,應爲一人所抄,但無法確定是否同卷。從 S.4610"長樂經卷第六"的尾題看,該經至少有六卷,這在南北朝道經中是屬於卷帙比較大的。該經不見於《正統道藏》,也不見他書稱引,除這兩件敦煌寫卷外,文獻中再無關於該經的其他信息。王卡認爲該經"類似《女青鬼律》等早期天師道經書",是"早期天師道宣教講經文"①。但該經除與《女青鬼律》卷五一樣爲韻文外,再無其他相似之處,且也不具備"講經文"的形式,因此王氏的論斷恐不確。

該經數處提到"天尊",如 S.4610 稱"天尊念度之""天尊念此人"。目前見到的最早使用"天尊"這一最高神的是成書於晉宋之際的早期靈寶經②,那麽《長樂經》的成書應在此之後。除了"天尊"這一最高神外,《長樂經》還有不少與靈寶經相似的地方。《長樂經》中的修煉方法主要是讀經和禮拜,S.4610 即稱:"轉讀万部經,六時礼拜尊。"又稱:"晝夜長礼拜,讀經長不猒。"P.2606《太上洞玄靈寶無量度人上品妙經》亦云:"凡有此灾,同炁皆當齊心脩齋,六時

* 本文爲國家社科基金青年項目"敦煌吐魯番道教文獻綜合研究"(批準編號:16CZS005)的階段性成果。

①王卡:《敦煌道教文獻研究——綜述・目録・索引》,中國社會科學出版社,2004 年,第 235 頁。

②參見[日]小林正美著,李慶譯《六朝道教史研究》,四川人民出版社,2001 年,第 157 頁。

行香，十遍轉經，福德立降，消諸不祥。”這與上清派以存思爲主的修煉方式是不同的。

但《長樂經》與一般的靈寶經又有顯著不同。除“天尊”外，《長樂經》僅有“仙人”“玉女”之類的神，再無其他具體神真；而靈寶經一般會有太上道君、天真皇人等仙真作爲受經者出現。S.4610 稱：“卅三種重，天文書來闞。”這是三十三天之説，而此説在現存的南北朝道經中很少出現①。該經的用詞也與一般靈寶經有所不同。《長樂經》每段開頭均有“尊下長樂經”一句，另外還有“尊見喚度之，上天簡龍帬”“載經入天宫，尊喚迴頭看”“尊言可共事，徘徊有歲寒，尊言好共事，眼大心裹寬”等，這些例子中的“尊”應即“感徹聖尊意”之“聖尊”，亦即“天尊念此人”之“天尊”。所謂“尊下長樂經”即天尊降下《長樂經》。將“天尊”簡稱作“尊”，這在敦煌道教文獻中再無用例，在傳世南北朝道經中筆者也未見到。

因此，《長樂經》受到了靈寶派深刻影響，但又與一般道經有許多不同之處，很可能是獨立於上清、靈寶等之外的教派創作的經典。本文以下從詞彙、音韻的角度對該經的成書時間略作分析。

《長樂經》在敦煌道教文獻中非常有特點，現存部分全部爲五言詩體，與 P.2004《老子化胡經 · 玄歌》形式相近。《長樂經》每段經文以“尊下長樂經”起首，格式整齊。除了這種形式上的特點外，《長樂經》在語言上也有鮮明的特色。與 P.2004 明顯的北朝特徵不同，《長樂經》有着鮮明的南方特色。如稱人爲“儂”，P.3200：“枉殺邊老儂。”又：“得師誡勑來，万倍作好儂。”“老儂”當即老人，“好儂”當即好人。戴侗《六書故》卷八：“儂，吴人謂人‘儂’。按，此即‘人’聲之轉，甌人呼若‘能’。”②《長樂經》正與戴侗所述吴人之語言特徵相同。

該經除少數地方可能有脱文之外，全經押韻。S.4610 第一首主要押先仙山寒桓等韻，但也有如“巾”“人”“勤”“椿”等真、文部字，以及一個“尊”字魂韻字。這與南北朝道經臻、山二攝通押的慣例是一致的③。第三首的情況與第一首類似，除篇末數句可能有脱訛外，均真、先、山、魂等韻通押。

S.4610 第二首可能是兩或三首因脱誤揉合在一起的（詳後文），其押韻情況可分爲三部分：第一部分押咸攝字，但有一個“尋”字爲侵韻字；第二部分押梗攝字，但有一“方”陽韻字及“繩”“騰”蒸、登韻字；第三部分主要押侵部字以及少量咸攝字，另有一“中”冬韻字，一“前”先韻字，一“張”陽韻字。值得注意的是第三部分中“中”字與侵韻字押韻。冬部字上古與侵部字發音接近④，此經“中”與侵部字押韻，可能是當時某種方言的古音殘留。

S.4610 第四首主要押齊、皆、灰、咍、支、微數韻，並有“時”“之”二之韻字。值得注意的

①“三十三天”的概念來自佛教，道教中也有相關内容，但數量較少，詳參路旻《晉唐道教天界觀研究》，蘭州大學博士論文，2018 年，第 46-47 頁

②（宋）戴侗：《六書故》，上海社會科學出版社，2006 年，第 201 頁。

③關於此問題，可參夏先忠《六朝上清經用韻研究》，西南交通大學出版社，2010 年，第 42 頁。

④可參羅常培、周祖謨《漢魏晉南北朝韻部演變研究（第一分册）》，中華書局，2007 年，第 33 頁。

是整首詩没有脂韻字,這表明可能當時脂、微已經分開,這應該已是南北朝中後期的特徵①。

P.3200 第一首前半殘闕,現存部分主要押庚、清、青三韻。第二首主要押東、冬、鍾、江韻。值得注意的是,第二首中東韻字與鍾韻字數量大致相當,可見東、鍾應是不分的。王力説:"在南北朝第一期,東冬鍾江是同用的……第二期除江(淹)王(儉)謝(朓)三人以外,東鍾的界限就很顯明。"②周祖謨也説:"《廣韻》東冬鍾江四韻在劉宋時代是完全通用的,到南齊的時候,除江韻字少用外,其餘三韻有分别爲兩部的趨勢……到了梁代以後,除江淹外,大都分别得很清楚;北齊、北周、陳、隋各家也是如此。"③因此從這一角度説,本經可能是南北朝中期的作品。

該經部分文句非常難懂,且存在不少錯訛,本文即試作考校如下:

S.4610 第一首:山居無至實,游行放世間。世間多煩惱,清天入由延。

按,該卷第二首亦云:"尊下長樂經,香花映天攬。紫微花由延,比如天下梵。但看龍花樹,比如度海汎。""由延"一詞一般用爲梵文 yojana 的音譯。慧琳《一切經音義》卷一《大般若波羅蜜多經》第八卷音義:"踰繕那,古云由旬,或云由延,或云踰闍那,皆梵語訛略也,正云踰繕那。上古聖王軍行一日程也。"④但於此顯然不通。由、延二字均爲喻母四等字,今疑"由延"乃雙聲聯綿詞,爲綿長、曲折、廣布等義。

與"由延"同源者有"蚰蜒""蚰蝣""螾蛪",爲體長之蟲。《楚辭·九思·傷時》:"巷有兮蚰蜒,邑多兮螳螂。"⑤《方言》卷十一:"蚰蝣,自關而東謂之螾蛪。"⑥音轉又爲"踰延",《文選》卷二張衡《西京賦》:"重閨幽闥,轉相踰延。"薛綜注:"言互相周通。"⑦此句亦形容宫室曲折綿長。"清天入由延"之"由延"即此義,蓋指上天之路曲折綿長,不易到達。

"由延"一組聯綿詞又有廣布之義。音轉爲"緣延",《文選》卷四張衡《南都賦》:"其竹則鐘籠䈽篾,篠簳箛箠。緣延坻阪,澶漫陸離。"⑧"緣延坻阪"蓋狀竹子廣布於坻阪。音轉又爲"迆涎",《文選》卷十二木華《海賦》:"長波涾瀡,迆涎八裔。"李善注:"迆涎,邐迆相連也。"⑨其實"迆涎八裔"即指海波廣布至極遠之處。音轉又爲"淫衍",《文選》卷十八嵇康《琴賦》:"紛淋浪以流離,奂淫衍而優渥。"⑩"淫衍"與"奂"同義,即盛大、廣布之義。音轉又作"遥

①可參周祖謨《齊梁陳時期詩文韻部研究》,《周祖謨語言文史論集》,學苑出版社,2004 年,第 183 頁。

②王力:《南北朝詩人用韻考》,《王力文集》第十八卷,山東教育出版社,1991 年,第 36 頁。

③周祖謨:《齊梁陳時期詩文韻部研究》,《周祖謨語言文史論集》,第 172 頁。

④(唐)慧琳:《一切經音義》,《中華大藏經》第 57 卷,第 415 頁。

⑤(宋)洪興祖:《楚辭補注》,中華書局,1983 年,第 325 頁。

⑥華學誠:《揚雄方言校釋匯證》,中華書局,2006 年,第 746 頁。

⑦(南朝)蕭統編,李善、吕延濟、劉良等注:《文選》,中華書局,1977 年,第 41 頁。

⑧《文選》,第 70 頁。

⑨《文選》,第 179 頁。

⑩《文選》,第 257 頁。

衍”，張九齡《臨泛東湖》詩：“晚秀復芬敷，秋光更遥衍。”①“遥衍”與“芬敷”同義，爲盛大廣布之義。又音轉爲“演迤”，韓愈《藍田縣丞廳壁記》：“泓涵演迤，日大以肆。”劉真倫、岳珍注：“演迤，漫衍貌，引申爲才華横溢貌。”②“紫微花由延”之“由延”當即此義，指紫微宫中花盛多廣布，如“天下梵”一般。

S.4610 第一首：得道强名籍，名籍看咼然。

按，道教以爲得道後則注名仙籍，如 P.2399《太上洞玄靈寶空洞靈章》：“身入不死劫，名係玉靈都。”P.2457《閱紫録儀三年一説》：“從天至地，八極之内，壹爲我赦除，使存亡三魂七魄，太清之中永係名籍，供給仙官左右。”其例常見，今不再舉。“得道强名籍”當即指此，但“强”字義不可通，似有誤，疑當本爲“注”“係”“隸”等字之類。

S.4610 第一首：尊見唤度之，上天簡龍帬。

按，“龍帬”即“龍裙”，爲道教神真的服飾，如 BD1017《洞真上清經摘抄》載西王母之歌云：“駕我八景輿，欻然入玉清。龍帬拂霄上，虎旍攝朱兵。”《無上秘要》卷二十《仙歌品》“陽歌九章”其七：“飛駕侍霞峰，龍裙拂高景。”③皆其例。羽 612《洞真高上玉帝大洞雌一玉檢五老寶經》：“太素三元君服紫炁浮雲錦披，九色龍錦羽帬。”“龍帬”即“龍錦羽帬”。因此，道教以爲成仙則可着龍裙。《洞真上清青要紫書金根衆經》卷下：“上清玄晨，三宫六門，典我玉名，降我神真，龍裙羽章，以給我身，上昇玉清，東華投篇，名刻金格，長爲帝賓。”④以爲成仙後則有“龍裙羽章”以給身。《長樂經》“上天簡龍帬”當亦此義，“簡”猶“揀”，即揀擇、選取之義。此二句之義蓋指天尊使度之，上天揀擇龍裙以衣之。

S.4610 第一首：打骨挑出髓，自知心裹單。

按，“單”通“丹”，即丹誠、至誠之義。P.2004《老子化胡經・玄歌》：“感子單誠不延次，齊得昇天不墮地。”“單誠”即“丹誠”。書儀文獻中“單誠”一詞更爲常見，詳參張小艷《敦煌書儀語言研究》⑤。

S.4610 第二首：尊下長樂經，香花映天攬。

按，下文又云：“仙人花中生，海外轉天攬。”“天攬”一詞不見於既有文獻。《長樂經》又云“十方安八攬”，那麽“八攬”很可能就是“八紘”。《淮南子・墬形訓》：“八殥之外，而有八紘。”高誘注：“紘，維也。維落天地而爲之表，故曰紘。”⑥可見“八紘”之“紘”即維繫天地的大繩。文獻中又有“天紘”一詞，《楚辭・遠遊》“乘間維以反顧”，王逸注：“攀持天紘以休息

①熊飛：《張九齡集校注》，中華書局，2008 年，第 155 頁。
②劉真倫、岳珍：《韓愈文集彙校箋注》，中華書局，2010 年，第 382 頁。
③《無上秘要》，中華書局，2016 年，第 220 頁。
④《道藏》，文物出版社、上海書店、天津古籍出版社，1988 年，第 33 册第 434 頁。
⑤張小艷：《敦煌書儀語言研究》，商務印書館，2007 年，第 150 頁。
⑥何寧：《淮南子集釋》，中華書局，1998 年，第 334 頁。

也。"[①]駱賓王《兵部奏姚州破賊設蒙儉等露布》:"伏惟皇帝陛下,祥摛戴玉,拓地軸以登皇;道契寢繩,掩天紘而踐帝。"[②]皆其例。疑《長樂經》中"天攬"亦猶"天紘"。

"天紘"之所以稱"天攬",蓋"攬"當讀作"纜"。《説文》無"纜"字,《手部》有"擥",即"攬"字[③]。蓋早期"纜"字借"攬"字爲之。《玉篇·糸部》:"纜,維舟也。"[④]維舟之繩爲纜,維天之繩當亦可稱爲"纜"。然文獻中亦無"天纜"一詞,姑存疑。

S.4610 第二首:龍王轉日月,遥看白廉廉。

按,"廉廉"於此似不可通,疑此處當讀作"瀲瀲",蓋狀日月光綫浮動之貌。《文苑英華》卷一五一鄭谷《夕陽》:"夕陽秋更好,瀲瀲蕙蘭中。"[⑤]《苕溪漁隱叢話後集》卷十五載杜牧之《齊安城樓》詩:"嗚咽江樓角一聲,微陽瀲瀲落寒汀。"[⑥]亦以"瀲瀲"狀日光。蘇軾《棲賢三峽橋》詩:"彎彎飛橋出,瀲瀲半月彀。"[⑦]則以"瀲瀲"狀月。

S.4610 第二首:金銀作步鄣,讀經先安鉗。琉璃作南雅,紫金團鑾驗。

按,這幾句非常難懂,但從上文推測,應指對經書的裝潢之類。下文又云:"結絲作經帳,安帶長廉襜。青絲點黄字,讀竟入函中。"與此正相呼應。

"讀經先安鉗"之"鉗"字顯然不通。中村 30《三洞奉道科誡經》:"都講座上皆須几案巾藴如法,經架上須别以巾帕藉經。"BD3818《太上洞玄靈寶天尊名》中的懺悔文云:"以不净手,即捉經卷,不置净巾,復不□▨▨(安)置地上及諸卧處。"由此可見,道教徒認爲讀經前應先在几案上安放"净巾",即某種織物。《集韻·鹽韻》有"岒"字,與"鉗"在同一小韻,云"布帛名"[⑧]。頗疑《長樂經》的"鉗"即"岒"字之借。但"岒"字文獻中少見,頗疑即"縑"字之音轉,二字唯聲母清濁之别。

"琉璃作南雅"一句不可解。如果前論不誤,這幾句爲經書裝潢,那麽書籍中可用琉璃製作的應該衹有書軸了。《隋書·經籍志》:"煬帝即位,秘閣之書,限寫五十副本,分爲三品:上品紅瑠璃軸,中品紺瑠璃軸,下品漆軸。"[⑨]因此頗疑此處的"南雅"指書軸,但其得名之由俟考。

"紫金團鑾驗"一句亦不可解。"團鑾"即"團欒",圓貌。《太上靈寶五符序》卷上:"闔閭

---

①(宋)洪興祖:《楚辭補注》,中華書局,1983 年,第 174 頁。
②(清)陳熙晉:《駱臨海集箋注》,中華書局,1962 年,第 355 頁。
③(漢)許慎:《説文解字》,中華書局,1963 年,第 252 頁。
④(南朝)顧野王:《宋本玉篇》,中國書店,1983 年,第 495 頁。
⑤(宋)李昉等:《文苑英華》,中華書局,1966 年,第 702 頁。
⑥(宋)胡仔:《苕溪漁隱叢話後集》,人民文學出版社,1962 年,第 108 頁。
⑦(宋)蘇軾著,(清)王文浩輯注,孔凡禮點校:《蘇軾詩集》,中華書局,1982 年,第 1217 頁。
⑧(宋)丁度等:《宋刻集韻》,中華書局,2005 年,第 85 頁。
⑨(唐)魏徵等:《隋書》,中華書局,1973 年,第 908 頁。

珍貴其天文，而不解其辭，乃遣使者齎此書，封以黄金之檢，印以玉皇之璽，書旨以問魯大夫孔丘。"[①]"紫金團鑾驗"與"封以黄金之檢"似可相當，頗疑"驗"即"檢"字之借。"檢"即封檢，《説文 · 木部》："檢，書署也。"段玉裁注："書署，謂表署書函也。"[②]即指卷軸時代封裝書籍並題寫書名的部件。道教文獻中類似的用法還有不少，《真誥》卷一《運題象》："左右又有兩侍女，其一侍女着朱衣，帶青章囊，手中持一錦囊，囊長尺一二寸許，以盛書，書當有十許卷也。以白玉檢檢囊口，見刻檢上字云'玉清神虎内真紫元丹章'。"[③]又卷三云："侍女皆青綾衣，捧赤玉箱二枚，青帶束絡之，題白玉檢曰'太上章'，一檢曰'太上文'。"[④]由此可見檢可施於囊、箱。"紫金團鑾檢"之"檢"正此義，蓋指經文的封檢是圓形紫金所做。

S.4610 第二首：斗藪出經部，手開金銀檻。月珠封中庭，終日不畏闇。晃昱放光明，十方安八攬。願至山中停。叩頭思静念，願見聖尊形。

按，此處可能有脱文。敦煌本《長樂經》共有六首，餘五首均不换韻，唯本段三换韻，且文字較他首長很多。另外，分析《長樂經》的結構，每首均先言學道精勤，次言由此獲得的諸如成仙、得道、前世父母得救等種種好處。此處前文已云"得道感自然"，並得到了天書，下文又稱"願至山中停"，邏輯結構有些混亂。因此頗疑此段原爲二或三段，中間有大量脱文，導致部分内容不可讀。但此處如何分隔很難確定，"檻""闇""攬""念"可以協韻，"庭""明""停""形"亦可協韻。今據文意疑應斷在"十方安八攬"之下。

S.4610 第二首：轉經千万部，願得度父兄。父兄家中牽，入山無心情。憶家不學道，一宿九倒驚。一箇了門分，舉家送轟轟。家事不可度，田地須犁耕。學道不如初，只作罪過生。

按，這裏的"一箇了門分"應該就是指離開家庭，入山學道。"了"指决斷、結束。"門分"與"父兄""舉家"一樣是指家庭。據筆者所見，傳世文獻中"門分"僅出現一次，《宋書》卷四一《后妃傳 · 孝武文穆王皇后》載江斅《讓婚表》："如臣門分，世荷殊榮。"[⑤]《漢語大詞典》以爲"門分"義"猶門望"，恐稍有未確。與"門分"類似的，還有"族分"一詞，《續資治通鑑長編》卷四七六載范育云："河南見屬西蕃，大小族分都計若干，珠旺各在何處有，是何族分已曾送款，是何族分未有歸漢之意，各别繪圖以聞。"[⑥]"族分"即部族之義。

S.4610 第二首：轉讀万卷經，手臂長殲殲。

按，"殲殲"義不可通，疑當讀作"纖纖""摻摻""攕攕"。《詩經 · 魏風 · 葛屨》："摻摻女

---

①《道藏》，第 6 册，第 317 頁。

②（清）段玉裁：《説文解字注》，上海古籍出版社，1981 年，第 265 頁。

③（南朝）陶弘景：《真誥》，中華書局，2011 年，第 13 頁。

④《真誥》，第 43 頁。

⑤（南朝）沈約：《宋書》，中華書局，1974 年，第 1292 頁。

⑥（宋）李燾：《續資治通鑑長編》，中華書局，1995 年，第 11341 頁。

手,可以縫裳。”毛傳:“摻摻,猶纖纖也。”[①]《説文·手部》:“攕,好手皃。《詩》曰:‘攕攕女手。’”[②]《古詩十九首·青青河畔草》:“娥娥紅粉粧,纖纖出素手。”[③]均其例。

S.4610 第二首:心意長傾庭,擔經比千金。

按,“傾庭”疊韻,應爲聯綿詞。《樂府詩集》卷四五《歡好曲》:“逶迤總角年,華豔星間月。遥見情傾廷,不覺喉中噦。”[④]“傾庭”應即“傾廷”,義蓋爲深情貌。

S.4610 第三首:公母兄弟牽,對强料理山。

按,“公母”不可通,依句意當作“父母”。前文云“父兄家中牽”,與此“父母兄弟牽”語意相同。P.3200 云:“千重万餘對,料理使泠泠。”“對”即報對,罪報。“泠泠”蓋即清楚、明白之義。此處“對强料理山”應與此句相對,蓋即報對難以料理之義。但“料理山”之義難明,或指料理報對如登山之難。

S.4610 第三首:尊人幡覆蓋,會由前身來。道莫言難。

按,此處當有脱文。《中華道藏》於“道”上補“學”字[⑤]。但“尊人幡覆蓋,會由前身來”兩句似亦語意不明。且本首詩前多押真文先仙韻,“來”字不協韻。另外,如前所述,《長樂經》各首的大致結構是先言學道,後稱得道。前文已有“仙函中有名”,後又稱“學道莫言難”,這亦與全經結構不符。因此此處可能有較多的脱誤,非衹一字而已。

S.4610 第四首:仙人下香花,聖賢相提攜。万姓好遭蒙,仙藥如刀圭。

按,下文又云:“得道行花香,品誡相提攜。得道感清虚,仙藥如刀圭。”與前揭文正相呼應。“刀圭”是一種中藥量具,中醫文獻中習見,庾信《至老子廟應詔》詩云:“盛丹須竹節,量藥用刀圭。”[⑥]亦用此義,但在此處顯然義不可通。“刀圭”又可借指其中所盛之物,即丹藥。《神仙傳》卷六“李少君”條:“投鉛錫而黄金克成,刀圭入喉而凋氣立反。”[⑦]《真誥》卷四《運題象》:“或有再酣瓊精而叩棺,一服刀圭而尸爛。”[⑧]“刀圭”均指仙藥,但此義在《長樂經》中亦不可通,頗疑此處以“刀圭”代指一般藥品,“仙藥如刀圭”蓋指仙藥如一般藥品一樣普通易得。

S.4610 第四首:花樹千餘重,天道紫微宫,玄中見者才。

按,此首押微、齊、灰、咍等韻,“花樹千餘重”下當脱一句。

---

①(清)阮元校刻:《十三經注疏》,中華書局,1980 年,第 356 頁。

②(漢)許慎:《説文解字》,第 251 頁。

③(南朝)蕭統編,李善、吕延濟、劉良等注:《文選》,第 409 頁。

④(宋)郭茂倩:《樂府詩集》,中華書局,1979 年,第 666 頁。

⑤《中華道藏》,華夏出版社,2004 年,第 8 册,第 551 頁。

⑥(清)倪璠:《庾子山集注》,中華書局,1980 年,第 215 頁。

⑦胡守爲:《神仙傳校釋》,中華書局,2010 年,第 208 頁。

⑧《真誥》,第 75 頁。

S.4610第四首:感徹天梁柱,日月見光暈。

按,“暈”字不諧韻,據前文“日月見光暉”,“暈”當爲“暉”字之誤。

P.3200第二首:天公覓罪人,打鼓召聇聇。

按,《龍龕手鏡·耳部》以“聇”爲“聢”之俗體:“聇,俗。聢,正,都禮反,耳患膿也。”①顯然於此義不可通,且此首詩押東、鍾韻,讀“都禮反”亦不協韻。此處“聇聇”當狀“打鼓”之聲,猶“硿硿”。蘇軾《石鍾山記》:“寺僧使小童持斧,於亂石間擇其一二叩之,硿硿焉。”②又作“空空”,《酉陽雜俎》卷十五《諾皋記下》:“已深已極,鑿之人,燒之不燃,叩之空空,如卜大狀。”③“硿硿”“空空”均爲擬聲詞,並無本字,故字無定形。《長樂經》作“聇聇”則又據“空空”加形旁,與“聢”之俗體恰爲同形。

東韻之字多有狀聲之字,《廣韻·東部》:“硿,擊聲。”“䂬,大聲。”“硔,石聲。”“䜫,䜫䂬,大聲。”④諸字韻同,紐亦相近,恐怕均爲同源。

P.3200第二首:面目無異别,乘船入海同。用心不净潔,意欲没潭中。枉殺邊老儂。諮議有名字,慎莫横羅蹤。諮議無慈念,没沉與沙封。

按,據韻脚字,“枉殺邊老儂”上當脱一句。

“意欲”即將要之義,而非一般的想要義。這在敦煌文獻中也有用例。P.3849《佛説諸經雜緣喻因由記》:“不經多時,其女人亦便懷任,意欲臨産。”“意欲臨産”即將要臨産。

“諮議”亦非一般的商議之義,而是問詢、審問之義。“諮議有名字,慎莫横羅蹤;諮議無慈念,没沉與沙封”,義謂經詢問若仙籍有名則釋放,若平生無慈念則沉没水底。與此處的“諮議”相似,敦煌文獻中“諮白”亦爲問詢之義,如P.2319《大目乾連冥間救母變文》:“目連從定起含悲,諮白世尊:‘慈母何方受於快樂?’”

P.3200第二首:斷酒不復飲,肉不入玄雍。

按,“玄雍”義不通,據文意似當讀作“玄膺”。道教以“玄膺”指舌下,《雲笈七籤》卷十一引《黄庭内景經·天中章》:“舌正玄膺生死岸。”梁丘子注:“玄膺者,通津液之岸也。”⑤曾慥《道樞》卷七《黄庭篇》:“舌之下有三穴焉:左曰金津,右曰玉液,中曰玄膺,皆涌生甘泉以灌於氣海。”⑥“肉不入玄膺”,即指肉不入口,與上句“斷酒不復飲”義正相對。但本首詩多押東鍾韻,“膺”爲蒸韻字。或《長樂經》以“玄膺”不協韻,故意改作“玄雍”。

以上就《長樂經》中一些疑難字詞做了考校,但該經中仍有些語句難以讀通,如S.4610第二首“比如安舫玷”之“舫玷”,“罪過如黜方”之“黜方”,P.3200第二首“魚食遶邊聦”之

---

①(遼)釋行均:《龍龕手鏡》,中華書局,1985年,第314頁。

②(宋)蘇軾著,孔凡禮點校:《蘇軾文集》,第371頁。

③(唐)段成式:《酉陽雜俎》,中華書局,1981年,第145頁。

④周祖謨:《廣韻校本》,中華書局,2011年,上册,第32、34頁。

⑤(宋)張君房:《雲笈七籤》,中華書局,2003年,第209頁。

⑥《道藏》,第20册,第642頁。

"聡",均不得其解,衹能俟後來博雅君子解决了。

A Reserch on *Changle Jing*(長樂經)

Gao Tonglin

Abstract: There are only two fragments of *Changle Jing*(長樂經), S.4610 and P.3200, in Dunhuang(敦煌) manuscripts. From the perspective of vocabulary and phonology, the scripture may have been created by the Taoist outside the Shangqing(上清) and Lingbao(靈寶) in the south of the Northern and Southern Dynasties. There have been many mistakes in this scripture, and some of the sentences cannot be read. This article tries to research some difficult words in this scripture.

Key Words: *Changle Jing*(長樂經); Taoist scripture in Dunhuang(敦煌); Textual criticism; Explanation of difficult worlds

(郜同麟,中國社會科學院文學研究所　北京　100732)

稿　約

國學大師静安先生云:“吾輩生於今日,幸於紙上之材料外,更得地下之新材料。由此種材料,我輩固得據以補正紙上之材料,亦得證明古書之某部分全爲實録,即百家不雅訓之言亦不無表示一面之事實。”先生所言之“地下之新材料”即出土文獻也,謂其研究價值在於可補史,可辨僞。然以今日研究之盛狀觀之,出土文獻研究價值何止於斯。文字嬗變之進程,古代語言之沿革,文獻傳承之源流,歷史文化之本真,無一不可尋繹於出土文獻。

西南大學漢語言文獻研究所創辦學術論叢《出土文獻綜合研究集刊》,旨在探賾索隱,推陳出新,宏揚原創,發表交叉性、綜合性強的學術成果。本刊自2014年創刊,已推出九輯,藉第十輯改版之機緣,呈此稿約,誠邀海内外致力於出土文獻研究之博雅君子惠賜大作,切磋學術,交流思想,助力今世出土文獻之研究,促進中華優秀傳統文化之傳承。

一、本刊爲半年刊,一年兩輯,收入維普中文期刊服務平臺,從第十輯起將收入中國知網。

二、本刊常設欄目:文字研究、語言研究、文獻研究、圖書評論等。

三、來稿字數不限,3萬字以内爲宜。文稿請參《〈出土文獻綜合研究集刊〉稿例》。

四、可發表會議或網站非正式出版的論文,但需作者確認自投稿本刊後不一稿多投。

五、本刊採用雙向匿名審稿,來稿需另頁寫明作者簡介等個人信息。

六、本刊常年接收稿件。投稿郵箱:ctwxzhyj@163.com。

七、審稿周期不超過兩個月,無論來稿採用與否,都將通知作者。論文一經發表,即贈送樣書兩册並略致薄酬。

稿　例

一、題目、作者、摘要、關鍵詞、題注

來稿的中文題目限 20 字以内,摘要限 300 字以内,關鍵詞一般在 3 至 6 個。題目字體與字號爲宋體三號加粗(副標題宋體小三號);作者仿宋體四號;摘要、關鍵詞宋體小五號。題目、作者、摘要、關鍵詞的英譯文字置於正文後,字體爲 Times New Roman。全文末括注作者單位信息,宋體五號,右側對齊。

來稿所關涉的項目及需要向有關人員表示感謝等,應以" * "題注的形式標在稿件正文首頁下方,字體與字號爲宋體小五號,左側縮進 2 個字符,同時括注項目批準編號。

二、正文

正文文字請用宋體五號。正文中標題編排格式爲:一級小標題用"一"(居中、宋體四號加粗);二級小標題用"(一)"(左側縮進 2 個字符,宋體五號加粗);三級小標題用"1.……"(左側縮進 2 個字符,宋體五號)。

正文中徵引的文獻例句,可於句後括注出處;例句如需排列,請採用(1)(2)(3)……的形式連續編號。示例如下:

(1)牧隻羌。(《甲骨文合集》39490/《合集》39490)

(2)韋橐,大、小十。(《敦煌漢簡》1147)

(3)躍躍毚兔,遇犬獲之。(《詩經 · 小雅 · 巧言》)

(4)計食長給肉日五斤,酒二斗。(《史記 · 淮南衡山列傳》)

正文中涉及公元世紀、年代、年、月、日、時刻和計數等,均使用阿拉伯數字。

正文中的圖片一定要清晰,達到出版標準;自造字或表外字一律採用圖片格式插入正文(不使用編碼方式造字),未經隸定的原形圖片字應儘量脱去底色。

正文中的圖片、表格如超過一個,請分别用"圖 1""圖 2"……及"表 1""表 2"……的形式標明序號。

三、注釋

正文中的引文及説明性注釋均採用當頁脚注(左側縮進 2 個字符,宋體小五號),每頁重新編號,注碼採用①②③……的形式。引文注釋格式如下(再次出現可省去出版社、出版年):

1.中文著作

張顯成:《簡帛文獻學通論》,中華書局,2004 年,第 6—8 頁。

馬承源主編:《上海博物館藏戰國楚竹書(一)》,上海古籍出版社,2001 年,第 89 頁。

[日]太田辰夫著,蔣紹愚、徐昌華譯:《中國語歷史文法》(修訂譯本),北京大學出版社,2003 年,第 375 頁。

2.中文論文

裘錫圭:《戰國璽印文字考釋三篇》,《古文字研究》第十輯,中華書局,1983 年,第 79 頁。

李學勤:《清華簡的文獻特色與學術價值》,姚小鷗主編《清華簡與先秦經學文獻研究》,生活・讀書・新知三聯書店,2016 年,第 5 頁。

喻遂生:《甲骨文單個祭祀動詞句的轉換和衍生》,《語言研究》2002 年第 2 期。

黄德寬:《漢語史研究要避免落入新材料的陷阱》,《文匯報》2017 年 2 月 3 日。

陳劍:《殷墟卜辭的分期分類對甲骨文字考釋的重要性》,北京大學博士學位論文,2001 年,第 67 頁。

謝明文:《談談青銅酒器中所謂三足爵形器的一種別稱》,2015 年 4 月 1 日,http://www.gwz.fudan.edu.cn/SrcShow.asp? Src_ID=2479。

3.外文文獻

William H. Baxter, Laurent Sagart. *Old Chinese: A New Reconstruction*, New York: Oxford University Press, 2014, p.121, 132.

Lothar von Falkenhausen. *Chinese Society in the Age of Confucius* (1000－250 *BC*): *The Archaeological Evidence*, Los Angeles: Cotsen Institute of Archaeology, University of California, Los Angeles, 2006, pp.15—16.

Ariel Cohen. "Generics and Mental Representations." *Linguistics and Philosophy*, Vol. 27, No. 5 (Oct., 2004), pp. 529—556.

Paul J. Hopper. "On Some Principles of Grammaticalization." In E. C. Traugott and B. Heine (eds.), *Approaches to Grammaticalization*. Amesterdam: John Benjamins, pp. 17—35.

鷹取祐司:《肩水金関遺址出土の通行証》,《古代中世東アジアの関所と交通制度》,汲古書院,2017,179 頁。

四、其他事項

1.本刊用繁體字排印,全文 1.25 倍行距。

2.引文務必核對原文,確保準確無誤。

3.正確使用標點,注意兩個書名號(《》《》)、前後表達對等關係的引號("""")之間不用頓號;單書名號用"〈〉"。

4.若列參考文獻,可置於正文後、英文摘要之前,格式與引文注釋基本相同,但不著録頁碼;文中引用文獻若使用簡稱,可於正文後、參考文獻之前附上引用文獻之全稱與簡稱的對照信息。

5.另頁附作者簡介及聯繫方式(工作單位、通信地址、郵政編碼、電子郵箱、手機號碼)。

圖書在版編目（CIP）數據

出土文獻綜合研究集刊. 第十輯/西南大學出土文獻綜合研究中心、西南大學漢語言文獻研究所主辦. —成都：巴蜀書社，2019.12

ISBN 978-7-5531-1249-7

Ⅰ.①出… Ⅱ.①西…②西… Ⅲ.①出土文物－文獻－研究－中國－叢刊 Ⅳ.①K877.04-55

中國版本圖書館CIP數據核字(2019)第301470號

出土文獻綜合研究集刊（第十輯） 西南大學出土文獻綜合研究中心 西南大學漢語言文獻研究所 主辦

CHUTU WENXIAN ZONGHE YANJIU JIKAN

責任編輯	周昱岐
封面設計	冀帥吉
出　　版	巴蜀書社
	成都市槐樹街2號　郵編 610031
	總編室電話 （028）86259397
網　　址	www.bsbook.com
發　　行	巴蜀書社
	發行科電話 （028）86259422　86259423
經　　銷	新華書店
印　　刷	成都蜀通印務有限責任公司
	電話 （028）64715762
版　　次	2019年12月第1版
印　　次	2019年12月第1次印刷
成品尺寸	260mmx185mm
印　　張	10
字　　數	200千
書　　號	ISBN 978-7-5531-1249-7
定　　價	68.00圓

本書如有印裝質量問題，請與本社發行科聯繫調換